D0943073

TEDI LÓPEZ MILLS
LA INVENCIÓN DE UN DIARIO

NARRATIVA

ESTA OBRA SE ESCRIBIÓ CON EL APOYO DEL FONDO NACIONAL PARA LA CULTURA Y LAS ARTES A TRAVÉS DEL PROGRAMA SISTEMA NACIONAL DE CREADORES DE ARTE.

www.almadia.com.mx
www.facebook.com/editorialalmadía
@Almadía_Edit

Primera edición: abril de 2016

ISBN: 978-607-97014-6-8

En colaboración con el Fondo Ventura A.C.
y Proveedora Escolar S. de R.L. Para mayor información:
www.fondoventura.com y www.proveedora-escolar.com.mx

Impreso y hecho en México.

TEDI LÓPEZ MILLS
LA INVENCIÓN DE UN DIARIO

Almadía

Esto se hizo por amor

Time out of mind meaning mad, or time
out of mind meaning simply forgotten

DAVID MARKSON
Wittgenstein's Mistress
En homenaje

2013

Enero

Martes, 1 de enero

Si no empiezo con lo de ayer, no resuelvo el tema del tiempo subjetivo. Sólo así puedo imaginar que hay otro. Además, el año viejo sucedió por fin hoy.

A veces la imagino a Ella bailando; la veo con la música atorada, buscando un ritmo que la saque de quicio. Ella siempre se vislumbra en una circunstancia perfecta. Me dice que es fundamental hallarle un estilo a este año; por ejemplo, la ironía del transcurso, para que esto no se parezca a la horma de una persona melancólica que calca los sobresaltos de su conciencia, palabra pálida que de veras me inquieta en este día largo.

Miércoles, 2 de enero

Hoy leí tres poemas de Olvido García Valdés y me di cuenta de que ya he perdido la costumbre de leer poemas esenciales, esos que no se voltean a ver con una mirada socarrona. Al contrario: están en lo que están sin periferia. Tendré que repensar el asunto de la quietud naturalista en los poemas que ponen en riesgo la sintaxis para que la superficie dé un brinco hacia dentro.

Si el atavismo no se puede superar, voy a entregarme sumisamente a su teatro.

JUEVES, 3 DE ENERO

El globo rojo y desinflado en las ramas del árbol muerto no será simbólico. Ni podrá interpretarse posteriormente. Hay globos que irrumpen del otro lado del vidrio en el cielo blanco y que una señora intenta desatar con su escoba. Es la señora que mató al árbol para negarnos su vista: lo cual abona mi teoría acerca de la mezquindad de las personas resignadas.

Ya empecé.

El corazón se está construyendo otra alternativa y otro callejón sin salida.

Concebiré un laberinto suspendido para postergar cualquier desenlace.

VIERNES, 4 DE ENERO

Es raro que un sueño mío venga con mensaje, pero el de anoche sí lo tuvo: que no haga preguntas, pues al cabo, por tanto insistir, alguien me dirá la verdad.

Ya no me procura Ella. Y la cuestión de un estilo persiste: ¿será real o apenas un dilema de las palabras cuando se incomodan?

Lunes, 7 de enero

La novela de Saul Bellow lleva cien páginas intentando concluir; o tal vez ha sido así desde el principio: una novela sobre la duración del final. La parte más prometedora de la trama es el título, *More Die of Heartbreak*. El libro cuenta la historia de la decepción amorosa a la que conducen los detalles implacables. Yo ya dejé de observarlos o, si no puedo, los he convertido en mínimas utopías.

Voy a fijarme en mi respiración. Y en el calendario de mis alucinaciones.

Martes, 8 de enero

Prohibido mencionar a mi gato de diecisiete años que acaba de treparse por una enredadera hacia el techo donde pasa horas durmiendo y mirando pájaros de reojo.

La cucaracha en la alberca flota patas arriba y persiste más allá de la anécdota que la contiene, como si fuera la cucaracha primordial que nos toca a cada uno; sé que mi cucaracha es igual a la suya por amor.

Tampoco se debe hablar del conejo blanco en el pasillo o en la mesa con el mantel blanco donde se esfuma. Pondré la imagen más adelante. Se lo vio por última vez en septiembre del año pasado.

Sospecho que esa pareja se dedica a la salvación del arte, y eso no es fácil. Yo aún no he salvado nada.

En un poema de Olvido García se encajan varios mirlos y sostienen el espacio incómodo de una moraleja; no son mirlos inocentes. Destruyen una higuera a picotazos. No son los de Wallace Stevens, sino mirlos castellanos como las arvejas; palabras secas en la boca y, de tanto rodar, guijarros. Eso fue lo que oí en el árbol muerto con el globo rojo.

Miércoles, 9 de enero

Una vez más, no sé cómo tener experiencias; si me coloco en el famoso espacio de la vida —ese lugar que está vagamente afuera— no me ocurre nada salvo la conciencia aguda de estar esperando. Ponerme en riesgo no es una opción.

Ayer fue la cucaracha flotando en la alberca; hoy es el encierro.

Jueves, 10 de enero

Ya se forman bandos. No quiero unirme a ninguno.

Esta semana ha sido un preámbulo. La siguiente deberá ser más sustancial.

En el terruño del principio había un hueco por donde se asomaba el papá. Tenía la cara roja; les decía a los niños acurrucados en el hueco que en la noche les quitaría la tierra de encima. Pero ya era de noche para los niños en el hueco. El papá prometió regresar alrededor de las ocho.

Viernes, 11 de enero

Me estuve confesando: la primera alucinación surgió frente a un espejo a mediodía, en el baño oscuro de un lugar con pisos cubiertos de alfombras. Del otro lado de la ventana la muchedumbre hablaba en inglés.

El problema estético de las alucinaciones es su rústico surrealismo. Las rescata el miedo, el sabor en la boca como si se probara la luz con la lengua, el dolor en el brazo derecho.

Tengo que decirle a Ella que aún no encuentro los datos culturales de este año. Si fuera objetiva tendría que hablar de lo mismo todos los días de la semana. Y con eso quizá crearía una cultura. Según Ezra Pound, bastan seis personas para fundar una civilización. Yo ya tengo a dos: me faltan cuatro. Mi gato acabará por merodear entre las ruinas.

Lunes, 14 de enero

Le dije a mi amigo que el otro es de veras otro, lo cual, visto en retrospectiva, suena a filosofía francesa del siglo xx. Quise matizar la obviedad con un comentario acerca de lo que uno, o yo, piensa a solas: es tan radical la diferencia con lo que se expresa frente a los demás. ¿Qué pienso a solas? Ni aquí podría ponerlo sin alterar el equilibrio de esa entidad que es mi persona a veces.

Martes, 15 de enero

El estilo se sigue postergando. Ella me preguntó sobre las versiones más paranoicas de este comienzo: *"comme il est impossible de prévoir le moment de ma fin…"* La superstición me impide darle vueltas a la frase. Ya se usó y no debe repetirse.

El secuestro del señor López ocurrió un martes en la noche. Llegaron una viejita y su sobrino a la casa del señor López y le pidieron información sobre una camioneta blanca; él los pasó a la sala, los escuchó con cuidado, les dijo que no sabía nada y los acompañó a la puerta; la viejita le pidió instrucciones para salir del barrio, y entonces lo secuestraron. Apareció alrededor de las cuatro de la mañana en una delegación de San Ángel.

Las delegaciones son lugares donde uno se detiene para observar el panorama histórico más minucioso de la patria chica. Cuando una anciana vecina se quedó con mi espada de plástico tuve que ir a denunciarla a una delegación. A la anciana y a mi padre les entregaron un citatorio. Ni ella ni él se presentaron. Fue una lección de comportamientos públicos simulados. Mi espada de plástico tenía la punta áspera de tanto escarbar el pavimento.

En un poema de Sylvia Plath cada ola es la orilla de un cuchillo.

P. suele pensar en el futuro con optimismo. Iremos progresando, habrá menos basura en la cabeza que se irá llenando de reflexiones prístinas, como una ciencia de la intimidad. Ahí pondremos nuestra civilización; su contenido será la política de los números pequeños, de la cuadra, de los árboles, del polvo revuelto con botellas de plástico. Las oigo crujir en el aire que yo respiro. Habrá lluvia cada tercer día en nuestra civilización y ni un solo oráculo.

El hermano del señor López se dio un tiro en la boca mientras hablaba por teléfono con su esposa: "Esto es para ti", le dijo. Las tragedias explícitas tienden a esfumarse porque les sobra el final. Hubo refugios antes de ese recuerdo. El hermano tocaba el violín; era tan sensible que le dolía romper el silencio. Cuando lo hizo ya no pudo volver a fingir que no sabía cómo sonaba.

El violín es la metáfora de la muerte con una cuerda en un amasijo de notas indefinidas. He ahí un brote de vanguardismo que no permitiremos en nuestra civilización.

Hay una foto de Céline recargada en mi ventana. Sucio Céline con su abrigo viejo y su pelo grasoso y una canasta en la mano; en la foto ya pasó todo: la Ocupación, el juicio, el exilio, la condena. Ahora es un señor francés venido a menos en un patio sin colores.

Hay otra foto en un librero: los ojos de Paz. Seguiré postergando el pleito de ellos con él. Sus poemas se leen como órdenes, claman; vienen con instrucciones de uso, señalan, no se escuchan en la cabeza a solas sin el deslumbramiento deliberado, estratégico, de la página. Como si las palabras provinieran de la intemperie con el propósito de sobresaltarnos. Ese declive autoritario no es aceptable.

El *Zurita* de Zurita con sus rompientes y sus mares de Chile en cada poema y siempre como si fuera la única vez. No sé aún por qué funciona; un lirismo al servicio de una obsesión y un sufrimiento histórico, político: el dolor de los otros. Lo cual es tan abstracto que se asemeja a una opinión que podría usarse en muchos casos divergentes. Son pastos las opiniones: cualquier vaca nuestra puede irlas rumiando.

Vino P. de nuevo con la idea de hacer una revista y despertar a los incrédulos. Así de ambicioso.

MIÉRCOLES, 16 DE ENERO

Hoy es la historia de los perros mutilados y castrados y abandonados. A uno amarillo lo sacaron aún vivo de un basurero, sin las patas delanteras. Era un perro de experimentos para afinar torturas. La piedad puede tener cuatro patas y hasta ocho cuando se multiplica.

Hay dudas entre una frontera de sangre y otra de piel: ¿qué se mastica mejor?

El otro hermano del señor López murió en la entrada de un hospital en Tijuana. Años antes durmió una noche en el cuarto de las niñas; carraspeaba en vez de respirar; a su aire le faltaba el canal de regreso. Una tos intermitente y un canturreo en cada sueño. Amenazó a su mamá con una pistola y se fugó con una *call girl* de Texas. Sus hijos están en la cárcel o murieron en alguna carretera recóndita de esa civilización tardía que nunca fundamos.

Siempre socava a las sombras frágiles la cortina de gasa. Uno ve en la tela el movimiento de los instantes. Se agudiza el efecto si cerca hay un arroyo o un río. El ruido del agua es tan remoto que genera una nostalgia sumamente literaria: el agua primordial con su borde hostil en el tobillo fabrica sus propias mentiras. Que había agua de más, que eran aguas negras, que los tubos estaban oxidados y el agua llena de rastrojos y trozos de metal. Los pájaros ya no se atrevían siquiera a volar encima. (Aunque las tórtolas con su ansia de alambre y poste no cuentan en el fragmento de esta catástrofe que se puso de moda antier y caducó apenas hoy.)

Aún no me someto a ningún examen para desmitificar los territorios donde un hueco lleno de niños se concibe como el origen de una dicha (vaya palabra) paradójicamente triste. "Esta es la ciudad donde se arreglan, ¿hombres o personas?" Se recorre caminando de puntillas en la ruta de piedras. Ella observa a los peatones y los juzga: ¿serán seres de convicción o sólo pobres que aspiran a manejar coches por las vías rápidas con sus lentes oscuros entre el vidrio y un cielo de pacotilla? Ella juzga desde la inercia.

Me dicen que los poemas esenciales se pueden recuperar:

> *rastro habido en la madera*
> *trunca sabrá ponerse de escalón antes del huerto*
> *extático donde se mueve el follaje*
> *por el toldo de dos nubes con tres listones interpuestos*

de marfil o mármol cuando se recuerdan
con el pie encima

Algo le atañe a los ojos que no se conecta con los oídos. En mi civilización sólo habrá un poeta por década (además de los seis habitantes). Y sus poemas podrán recitarse en voz baja con una letra cada vez más pequeña; mientras tanto propondremos nuevas teorías: "una caverna carece de muros reales cuando uno se coloca en el centro" o "la carne ahíta y la carne cansada no son la misma carne que la de una premisa sobre la pasión de la carne cuando la rozan a contrapelo" o, la más escueta y odiosa, "no hay conocimiento sin experiencia". Vengo de atisbar la calle con el sol caído en la banqueta y amenazante. Un mensajero me trajo dos libros. En uno hay poemas.

Esta casa se abrevia cuando se encienden las máquinas. Ahora resuena una que probablemente tala dos o tres árboles. La jacaranda de la esquina y el fresno que la acompaña: una cancioncilla para los años venideros. Dos árboles y una palma.

P. quiere contarme un secreto: la poesía francesa sigue siendo una fuente de poderes extraños aquí en nuestra patria chica. Por más nimia que resulte. Esa influencia le da sentido a lo que se llama pomposamente "nuestra tradición". La nieve compleja de ese idioma con la no-nieve decorativa del nuestro desembocan en una blancura negra por arte de la superchería.

Mejor háblame de las heridas: ¿cuántos trozos había en la bolsa de plástico? He ahí una de nuestras nuevas tradiciones. Se podrían retomar las esdrújulas del "Retorno maléfico": para crear un palimpsesto que asombre por la erudición de su textura. Luego se podrá discutir acerca de la naturaleza de los cadáveres: si eran de alguien o de nadie y a qué hora les tocó perder todo el peso de su cuerpo.

Al señor López le gustaban los experimentos con tabiques. Nos quería enseñar a construir un recinto donde habría alacenas para nuestras pertenencias. La mamá del señor López afirmaba que Cristo había nacido en Galicia. "¡No! No fue ahí", le gritaban los hijos. Como si la tierra se hubiera fijado en la falsificación de datos. Y vinieran entonces una condena y un castigo.

Hoy un perro en el periódico trae la cara de una criatura con escrúpulos. Sí hay moral en la inocencia mientras no se ladre lo que uno ignora: un acertijo sin cola.

En la frontera norte no les interesa nada tan extremoso como una narración hundida en un poema hasta el tope. Pues sólo suben los escombros. Y son inútiles e ilegibles.

Se encarrilan las oportunidades. *¿Desea usted inscribirse en un nuevo partido político?* El folleto enumera las ventajas: plataformas, viajes, idearios, multitudes enfebrecidas que le creerán sólo a usted durante un año. Y yo seré usted.

JUEVES, 17 DE ENERO

Un viejo deambulaba en calzoncillos por un jardín estrecho; iba trizando las plantas según las notas de una antigua canción de guerra. Al niño que lo perseguía le volvió a contar su historia de Berlín con los cigarros y el trueque de una vida por un chocolate. El niño le recordó que a Sigfrido lo habían matado antes del triunfo de los Aliados. El viejo se puso de rodillas y lloró. Por un resquicio de la ventana lo espiaban las hermanas, riéndose.

Sospecho que no soy realmente poeta. Los poemas ingeniosos y breves me provocan una sensación de vacío muy parecida a la de los domingos en un pueblo de bicicletas y campanarios y un licenciado con su atril recitando ocurrencias mientras algunas mujeres se abanican y se sacuden las faldas llenas de migajas que aterrizan suavemente en el suelo. Nunca habrá moscas suficientes para perturbar tal concordia. O zumbidos simultáneos para desdoblar una figura tan esbelta en la boca.

Las rimas sin sorna son como bodegones o acuarelas, lindos colores, hermosos retratos, bonitas representaciones y hasta exactas.

Entonces no soy poeta. Más vale asumirlo desde ahora.

Los ideogramas son convenciones, le escribió López Velarde a Tablada; el joven poeta condescendió con el viejo al que le urgía rejuvenecerse lo más pronto posible, antes de morir. No son arte fundamental, le aseguró López Velarde.

Ha de ser cierto que un dibujo apalabrado se estanca en el mero dibujo y no llega a articularse. La pantomima de los poemas breves e ingeniosos viene sin guión. Lo cual a una persona solemne y no poeta como yo la asusta: ¿nada atrás y nada adelante? Al mimo se le borró el texto. Pobre mimo.

El viejo fumaba un cigarro tras otro y escupía en la regadera. Hablaba a solas, mordiendo las palabras con sus dientes amarillos.

Todos los días la miro a Ella llegar. Todos los días le digo lo mismo: voy a callarme para observar con cuidado el flujo de su conciencia. Ayer la atrapé justo cuando comenzaba: esa cara en la pared iba a mezclarse con las horas.

VIERNES, 18 DE ENERO

Vi a una niña bailando en la madera: una flama, aunque nunca hubo fuego.

Me pregunta P. si hay bondad sin testigos. Le digo que ya no me canse con preguntas abstractas y se atenga a los hechos. Lo cual significa que estoy aprendiendo.

Saludo a un hombre tullido que tiene aspecto de buena persona; él me responde con una amabilidad genuina. Vivo en un país donde hay mucha amabilidad genuina.

El señor tullido ha de ser bondadoso también en su casa, cuando nadie lo observa, por ejemplo, frente a la luna del armario. Tal vez sea su propio testigo en una imagen ajena.

Yo tengo al mío soberano que en este instante cierra los ojos. Hago trampa: una patada a la sombra menos lista. Se me viene encima.

Al caballo de Muff lo arrastraron por las calles luego de herirlo con látigos y tubos de fierro.

LUNES, 21 DE ENERO

El viernes las muecas se mezclaron con las expresiones y todo empezó a salir mal.

He de haber sido culpable; si no sería imposible demostrar mi caballerosidad pidiendo una disculpa. Y siempre querré ser el caballero. Cederme a mí la mala voluntad y dejarlas pasar a las damas con sus propósitos y sus talentos. Las palabras no deben ser mías. Si su uso es posesivo no hay manera de soltarlas. Es una teoría de la libertad inútil que sirve para desentenderme de las circunstancias engorrosas.

En mi civilización de seis personas habrá amplio lugar para el sarcasmo como deporte oficial. Y habrá lemas corrosivos antes de izar la bandera en los parques cercanos. Los caballeros soltaremos nuestras carcajadas mientras las damas se ajustan los lazos.

Martes, 22 de enero

El hoyo de la boca afirma lo contrario de lo que dice; el hoyo denuncia las mentiras de la boca.

Habrá que provocar una *ausencia de alusiones*: el agua será otra vez agua y se agotarán las aspas del ruido y el animal podrá estirarse sin que se mermen las condiciones de la atmósfera y podremos jalar las cuerdas de los tendederos hasta que se caiga la ropa húmeda y se ensucie sin que la señora del árbol con el globo rojo se queje conmigo por no tomar en cuenta las molestias de la lluvia abusiva y de la yedra que se llena de ratas con hocicos pardos y temblorosos que la quieren oler por debajo.

Dos hermanas se hablaron por teléfono; una le contó a la otra que la mamá enferma le había confesado que tenía miedo; la otra le respondió que era fundamental no hacerle caso: "Es puro drama". Dos días después murió la mamá. Eso les permitió a las hermanas erigirle a la muerte perfecta el altar que le hacía falta.

Ayer me topé con la abuela sorda y ciega. Duerme en la recámara de la hija de su hijo. La callan con gritos: "Basta de tus tonterías". La abuela se limpia los ojos con su pañuelo y se mete en la cocina. Ahí prepara las salsas de la familia.

En la recámara, la hija del hijo se desnuda para tocarse. Se burla de los labios internos y de las cosquillas de su mano. Ahí comienza el sarcasmo como una vocación del placer.

Al señor López le disgustaban las anécdotas. Salvo las suyas, cortas y enigmáticas: un amigo se vestía según las condiciones climáticas de Londres, con bufanda y abrigo aunque hiciera calor en la realidad que, por fortuna, puede no existir si uno se lo propone.

El señor López se hizo su propia circuncisión a los quince años. Con una navaja de afeitar. Todos exclaman y se tapan el hoyo de la boca cuando escuchan esta anécdota que llena de júbilo al señor López.

Soy caballero porque las damas me odian.

Al caballo de Muff lo quemaron vivo en una plaza. La peste del cuerpo durará hasta que se promulguen leyes pertinentes.

Hoy ya no fue la cucaracha, ni el encierro, pero sí la vejez que se aproxima en la barba blanca.

Mi cucaracha no ha salido de su rincón. Pongo un dedo en la ranura. Hay sitio para las dos.

¿Por qué me da por pensar siempre en el final?

Miércoles, 23 de enero

Voy a contar sílabas.

Sé que en alguna época resultará un alivio ya no ser poeta pero seguir escribiendo poesía.

Los poemas trepadores que prescinden de muros y rejas colocan a las palabras en un lugar contrario. ¿Qué puede ponerse después de *pa de página o pájaro*? Indios, naturalmente. Casi por deducción.

Leí sobre el desierto y la guerra de las tribus alrededor de los oasis. Tras la victoria, uno de los soldados se comió el hígado de su contrincante. Las mujeres del pueblo lo animaban con cantos. Coleccionaban orejas y narices para convertirlas en collares. A los poetas que competían con las adivinanzas del oráculo los mataban y les cortaban la cabeza, pues otra les saldría; luego encerraban los cadáveres hasta cerciorarse de que no volvieran con sus cabezas a recitar versos en contra de las profecías oficiales.

En mi civilización los seis habitantes conservarán sus cabezas y a veces recordarán sus pasados.

Voy a contar los números. A las dos de la tarde tendré que subirme en un taxi.

En la cascada de un río se altera la forma de las piedras como si un envoltorio de plástico ocultara las grietas que cubre. Lo cual conduce a la paranoia de las texturas. En mis alucinaciones hay una densidad de poros móviles en un fondo opaco. Nunca es interesante el miedo.

Un taxista me estuvo hablando de su convalecencia prolongada. Aprendió a tocar el órgano y la batería. Ya cerca de mi casa, me comentó: "Qué bonito les está quedando Gayosso".

Me traen otro libro de poesía. Las sílabas que enumero se quedarán afuera de cualquier cálculo posible acerca de las posibilidades reales de un poema.

Ayer mataron ratas y ratones en un parque. A las autoridades con sus máscaras de gas y sus uniformes blancos se les va a olvidar al cabo de unas semanas, y volverán a corretearse las ratas y los ratones entre los arbustos mientras uno se come su elote en una banca. Así debe ser en la patria chica con su sol exacto.

Los perros de las fotos en Iztapalapa miran siempre para otro lado, como si supieran algo devastador sobre las imágenes.

El *como si* ya no funciona. Baudelaire amenazó con eliminar las analogías y sustituirlas con correspondencias. He ahí uno de los datos culturales del año. Y aún está pendiente el asunto de las mamás de

Verlaine, Rimbaud y, claro, Baudelaire: equivaldrá a unos diez datos culturales.

No debo perder de vista que la ironía sacada de contexto caduca rápidamente.

Hoy no me toca ser caballero.

JUEVES, 24 DE ENERO

Antes de quemar al caballo de Muff en la plaza, lo lapidaron e insultaron: "Bestia inmunda, bestia imbécil". Estuvo feliz el pueblo esa tarde. Las piedras volaban como piedras en el aire. El acuerdo entre las multitudes generó una sensación placentera de comunidad.

Rima de *pueblo, acuerdo, muertos:* no dan estas palabras para construir la estela de un fantasma: rima de palabras, fantasma: no dan para cerrar la brecha entre una sílaba colgante y otra. Rima de sílaba. Esto no está pasando.

En la leyenda del desierto se decía que los poetas eran siempre oportunistas. El líder de las tribus le pagaba una renta al suyo para que sus metáforas parecieran derivar de las revelaciones divinas y no al revés. El misterio poético debía ser arte menor o le cortaban la cabeza al poeta y se conseguían otro. Pululaban poetas afuera de las tiendas de campaña.

Ayer en una librería leí el primer párrafo de *The Pale King* de David Foster Wallace y sentí ese vuelco en el corazón que tiendo a buscar en la poesía y que rara vez sucede en la prosa, con la intensidad de un rayo radical que parte en dos el espacio donde uno está leyendo. Tal cúmulo de belleza pone en peligro la trama. Es un paisaje visto desde lejos. A cada flor le corresponde su nombre preciso, lo cual pone en entredicho la lejanía, pero no importa, es admisible la licencia porque estamos en una zona de palabras sin tierra, como cables sueltos que dan chicotazos al tronar contra la calle. Encima de eso hay que construir una novela. Un autor tan lúcido como Foster Wallace no se deja engañar por sus propias historias y las arruina desmontando cada parte según avanza. Y eso lo hace casi ilegible.

Voy a fabricar mamás.

La de Verlaine pagó la cuenta del hotel de Bélgica donde Verlaine le dio un balazo a Rimbaud, y se encargó de pagar el hospital donde a Rimbaud le curaron su herida.

La de la hija del hijo se dedicó a ser tan discreta que ya no supo cómo incluir en la intimidad la expresión del mero cariño.

La del hijo le quemó sus dibujos y le rogó que fuera abogado, como su hermano más decente, y que trajera dinero a la casa y cuidara de sus padres.

La de mi amiga destruyó las fotos de su infancia para evitar cualquier identificación perversa.

La de Muff le prestó un libro a su amiguita sin consultar a la hija: "¿Por qué se lo prestaste tú si lo iba a hacer yo mañana en nuestra junta?"

Las mamás desean ayudar a los hijos.

Las mamás son mujeres sagradas. Por eso las anuncian en la ciudad como heroínas de la vida doméstica.

En el desierto el profeta oyó la voz sacra que le daba permiso de acostarse con la esposa de su hijo adoptivo. Una brisa había alzado el toldo y por accidente la atisbó a ella desnuda. Horas en el desierto yendo y viniendo a causa del dilema moral. Hasta que su dios, muy considerado, le dio el beneplácito.

Eso es prueba de que algunos dioses sí están escuchando.

Ayer deambulé por los Ejes y regresé sin nada en la noche. La indecisión fue un ejercicio de austeridad.

El Ello o Id se esfuma cuando deambulo por los Ejes. Será para no obstaculizarme con su escrutinio mientras cruzo delante de los coches. O algo así que luego se vincula con los árboles que talaron y van a talar. Y con la ausencia venidera de las sombras.

Voy a fabricar íncipits.

En uno se abrirá la puerta antes de que alguien toque el timbre. Una visita presentida que, con cara de sorpresa, mirará al inquilino y le dirá que viene por las facturas.

Viernes, 25 de enero

Aún no he resuelto el problema del estilo.

Al sobrino del señor López lo asesinaron en una carretera en Jalisco.

Lo delató su novia, que después se hizo novia del contrincante que lo mató.

A ella el sobrino del señor López la dejaba encerrada en un hotel del D.F. antes de encaminarse hacia la casa de su tío en la camioneta blanca.

El proyecto entusiasta del sobrino era un documental en homenaje a Pedro Infante, a quien sabía imitar a la perfección.

Al filo de la medianoche lloraba, se despedía y se iba en su camioneta blanca al hotel con la novia. Lo asesinaron porque se había robado la camioneta blanca y la droga.

Tres profetas circularon simultáneamente por el desierto en el siglo séptimo de nuestra era. Uno fue mujer. Sólo a uno lo salvaron sus profecías.

En mi civilización de seis personas no se podrán asumir papeles protagónicos ni podrán monopolizarse las conversaciones. El tema de los contadores y los recibos apenas se insinuará y las seis personas sabrán deducir sin aspavientos las conclusiones.

Mientras esperaba a un amigo escuché a dos mujeres platicando sobre su viaje en crucero por las islas griegas. No podían creerlo. La belleza explícita y la implícita.

Me miré mirando. Tomé apuntes para impresionar a mi prójimo. He notado que ciertos días recurre a los trucos de los pájaros y picotea en las cornisas. Que son mi piel y la tuya. Ese prójimo me revisa en la noche. ¿Qué hiciste con los huesos que te di para que distribuyeras su bondad en partes iguales?

Mi prójimo es una fuente de dicha, por decirlo de modo enfático.

La niña que se suicidó a los catorce años pertenecía a una tribu de usos y costumbres. El papá la golpeaba y la violaba; la mamá la insultaba y la golpeaba. Una mañana la niña decidió fugarse. La gente del albergue la encontró perdida en un campo árido. No sabía leer ni escribir, dicen los que la conocieron y adoptaron. Le dieron clases de español y de historia de México. Al año se suicidó con una soga en la regadera.

LUNES, 28 DE ENERO

Hablé mal de una religión y me gritaron. No lo volveré a hacer, pues sólo demuestra que estoy comenzando a descuidar la vigilancia de mis prejuicios.

El Ello o Id no se ocupa de lo que le corresponde.

Por si fuera poco, puede haber represalias de parte del dios ofendido de esa religión.

La cultura justifica cualquier arbitrariedad, crueldad o autoritarismo.

Tal cosa aprendí mientras atacaba yo una religión y las personas me regañaban.

En todos los juicios finales que he leído suenan trompetas.

El escribano del profeta siguió escribiendo en el libro sagrado aunque ya no estuviera hablando su dios. Eso no importó a la hora de las últimas palabras. Al escribano le regalaron una ciudad pequeña.

Por el rumbo merodea un crítico altanero que no se rebaja a discutir los pormenores de ninguna literatura. Se pronuncia a favor o en contra cada fin de semana. Lo enaltece ligeramente su melancolía de hijo lastimado. Le gustan los poemas esenciales y la alta cultura francesa; las ideas y las teorías complejas acerca de las ideas. Una declara que antes de la escritura hubo una ronda de frases mutiladas alrededor de una fogata. Eran retazos de poesía. Al crítico esa imagen lo estimula: los poetas unidos en torno a la hoguera donde se quemará a los culpables.

He ahí la posibilidad de un íncipit.

MARTES, 29 DE ENERO

No hay un estilo aún, sino sólo las reglas para vislumbrar errores.

Los dos viejos de la película que vi el domingo conviven tensa y ásperamente. Se aman con rigidez. Su educación no les permite otra cosa. Ella lo maltrata con cariño y él la atiende. Comen sentados a una mesa en la cocina junto a la ventana. Carne y ejotes; carne y ensalada, con lentitud en un departamento parisiense. A la mujer le da un infarto cerebral; se va esfumando mientras él la cuida. A la película le faltaba un cadáver. Su lógica es tan secreta que sólo queda aceptar los brincos y los huecos como parte de un artificio superior y francés.

En un manual de servidumbres leí que un rey antiguo murió de piedad al ver el estado miserable de los cautivos que llevaron a su corte. Resolvieron los súbditos que la próxima vez lavarían a los cautivos y los curarían antes de llevárselos al rey en turno.

El Id o Ello ha descuidado los diques y ya se cuela basura por los intersticios. Por ejemplo: se anda diciendo en mi cabeza que las porteras le lanzan piedras al perro de la señora que taló la jacaranda. Hay bullicio en la calle.

Marcel Schwob visitó a Jules Renard a las once y media de la noche el 19 de enero de 1891. Le gritó a través de la puerta: "Quiero un cuento para el *Écho de Paris*". A la luz de dos velas, Renard atisbó una figura redonda y una cabeza ya calva. Dejó entrar a Schwob y ambos hurgaron entre los papeles del escritorio. Schwob insistió en que se fueran de inmediato a las oficinas del diario. Pero Renard estaba en camisón y pantuflas.

He ahí otro dato cultural. Las pantuflas de Renard y las anteriores de Flaubert y de Henry James.

El amor siempre las incluye.

Tengo que ir a pedirle a un vecino extranjero que no grite en las noches con sus dos amigos en ese idioma lleno de interjecciones. Todavía no quita el santa-clós de plástico pegado en su ventana: mala señal.

Miércoles, 30 de enero

El miedo otra vez pero con un sedimento de tristeza que no es mío.

Hoy no está pasando nada. Acaso, el descaro de las caras. Con una lección muy correcta para los súbditos que, como yo, se disculpan incluso antes de los acontecimientos.

Ayer murió por fin el profeta en los brazos de su niña. Todas las noches debía acostarse con una de sus mujeres. Eran treinta.

Ya no tendré que lidiar con él. Ni con las consignas enrevesadas que salían del hoyo de su boca como surtidores chuecos.

Vino P. a decirme que los bandos exigen una actitud más clara de mi parte. Le menciono el miedo, el dolor en el brazo derecho y el manual de servidumbres. Le sugiero que urda alguna ideología pertinente con esos tres elementos. Y que los bandos decidan.

No debo leer sobre enfermedades. Aunque tal vez así purgue los síntomas a las tres de la mañana con el gato hundido en un cuenco de la colcha.

A P. no lo atosiga la vergüenza.

La hija del hijo y la abuela ciega y sorda terminan por funcionar como analogías una de la otra. ¿Se entiende? O como símbolos: piezas rotas que embonan. Los dientes se encargarán de pulir esos fragmentos hasta que sean marfil o mármol o alabastro.

Yo muerdo mis mentiras antes de tirarlas. Son dados y yo la mula.

En otro íncipit: un vecino se topa con el cadáver de una mujer en el zaguán. La mujer trae un sombrero azul en la cabeza. El vecino toca el cuerpo con un pie. Llama a la portera.

Sospecho que en un poema que leí hoy en la mañana se alude al señor que inventé y que murió en una calle. No basta el señor para que se construya un poema: ese parece ser el mensaje. De hecho no basta nada; el poema depende de otro eslabón, casi siempre perdido.

¿Viste la esfera? Yo la vi rodando por la avenida. Con la elegancia de su forma, rimando *vaca* con *Cuernavaca*. ¿Quién se atreve a protestar?

Me comentó P. que lo bueno de dios es que no se tiene que creer en él, aunque conviene conservar su horma en la cabeza, por si las dudas. Hay defectos peores que el de la profundidad, me digo. Ni una horma subsiste en las cabezas de las seis personas de mi civilización donde la medida del tiempo es irlo postergando.

La historia del crítico es la historia de la cultura oficial y protocolaria: él estará adentro perpetuamente, y uno con sus escritos afuera, pidiendo audiencia.

Hoy sentí más amor que nunca. Recordé el mascarón de proa en un jardín de Normandía y recordé el pasto y una premonición del mar tan literaria que tuve que borrarla con la mano. Me pregunté si habría otra ocasión para ese rito en el jardín con tu voz: *como si todo fuera igual que antes...*

Baudelaire acomodaba sus íncubos sobre la repisa en un sueño. Yo a los míos los desempolvo y les doy de comer generosamente.

El señor López leyó a B. F. Skinner durante una época de poco dinero. Decidió reeducar a sus hijos y condicionarlos. En la primera fase, cambió los desayunos; se prepararían la noche anterior y se guardarían en el refrigerador en bolsas de plástico. Los hijos tendrían que consumirlos de pie y velozmente. El hambre alrededor del mediodía era integral al entrenamiento. Los hijos descubrieron que el odio duraba más que el amor, pues no había lugar para el desencanto.

En la segunda fase, el señor López dictó rutinas cotidianas: cuándo hablar, cuándo ir al baño, cuándo jugar, cuándo leer, cuándo ver la tele. El objetivo era controlar cada comportamiento a lo largo del día. Los hijos obedecieron pero nunca pudieron cumplir con la utopía hogareña. El señor López los conminó, los insultó y luego se encerró en su recámara toda una tarde.

Los hijos reunidos en la sala discutieron sobre la mejor manera de pedirle perdón.

Skinner fabricó cunas de aire para amansar a los bebés y gratificar a las mamás. Al señor López le habría gustado regresar al principio: habría metido a los hijos en cunas de aire y habría evitado así el ruido y el obstáculo de las voluntades individuales.

¿Cuál es mi experiencia del mundo?

JUEVES, 31 DE ENERO

P. me avisa que va a dedicarse a esperar milagros.

A mí me tocarán los que él deseche.

Hubo desperdicios ayer que no conseguí interpretar: por ejemplo, las vueltas alrededor del Estadio Azul porque el GPS se había empecinado en que el camino de regreso era circular. El taxista se puso nervioso cuando le pedí que rompiera el círculo de una vez.

Hoy he leído más poemas. No los entiendo y el enigma que generan atañe a la mera lógica y al sentido común. Difícil transportarse hacia algún misterio desde esa perplejidad tan rudimentaria, donde nada concuerda con lo que se propone porque las analogías son existencialmente imposibles. Tal vez en eso consista la verdadera poesía. Me lo tendrá que explicar algún maestro.

El doctor me repitió cuatro veces: "Es usted muy flexible". Me dobló los dedos hasta tocar la muñeca. "No las llame alucinaciones", me indicó severamente: "son e-pi-so-dios".

Ha habido interrupciones de vecinos indignados y plomeros y porteras eufóricas con los chismes que circulan en el cuarto piso. Todos piden la intervención de la autoridad. Yo por lo pronto me abstengo.

La decepción puede ser el ángulo más elegante de la amargura. Uno puede atrincherarse en el orgullo e hilar frases ridículas acerca de la esperanza y la amistad y la desilusión. Y madurar muy adustamente.

Mañana seré mejor: por mi bien.

Febrero

Viernes, 1 de febrero

Hoy no he dejado de reconciliarme.

Tendré que convertir las malas noticias en buenas.

En un prado sureño de flores blancas, el disparo a un cuerpo hizo que la sangre cubriera las flores con gotas perfectamente diseñadas. Fue apenas un residuo. Luego los dos fugitivos regresaron a la cabalgata por la nieve y a una hacienda con esclavos. La coreografía de las mujeres poniendo la mesa fue tan hermosa que el público olvidó por un instante que mañana ellas serían carne de subasta.

A cambio de moralina hubo farsa: no sé qué sea peor. La farsa no produce ironía; sólo hastío. Y entonces se padece como si uno fuera el responsable. En cambio con la ironía uno se concibe más inteligente.

Mis teorías acerca del dolor no me absuelven.

Estoy oyendo historias.

Ya van treinta y seis cadáveres. Se buscan conspiraciones. Hoy no hubo fuego ni gases. Los señores anuncian sus versiones por un micrófono. Conforme se van multiplicando, la gente deja de creerles para ir tejiendo sus propias hipótesis. Uno de los señores hace un chiste sobre un maletín. No ofrece una disculpa. No lo hacen los políticos profesionales. Confían en la desmemoria.

En las terrazas de la colonia que está de moda el peregrinaje de limosneros, cantantes y vendedores corroe cualquier experiencia amistosa y culinaria: esa es la realidad, no la de las mesas con sus manteles a cuadros y sus menús italianos o franceses. Otra superchería nacional y el verdadero reto a la retribución social.

LUNES, 4 DE FEBRERO

Arriba alguien trabaja y abajo alguien culpable hilvana fórmulas.

La propiedad difícilmente adquiere la dimensión de un símbolo; no puede ser "nuestra" por ficción o cortesía, sino sólo de la persona indicada en el testamento. Las conversaciones sobre la propiedad son incómodas precisamente por el uso incisivo de la primera persona (que borra a la segunda). La amistad o el amor tendría que obviar este realismo sucio, por cariño. Pero no ocurre así.

El señor de los muebles tocó el timbre para disculparse por la mano rota de su tapicero. Habíamos redistribuido el espacio y ahora tendremos que recomponerlo con exactitud y cierta desilusión. Vaya ocio.

No anoté lo que hice mal: mi sarcasmo con un limosnero activista. Su causa era él mismo, pero como eso ya no funciona se erigió en el representante de una comunidad aún más miserable que él. Y chocó con mi exhibicionismo.

En la noche volví a instalarme cómodamente en el nicho del arrepentimiento. Sin teatralidad alguna.

Martes, 5 de febrero

Ya son treinta y siete cadáveres; hoy se declara que hubo acumulación de gas. De aquí en adelante todos nos haremos expertos en explosiones de gas, como ya lo somos en accidentes aéreos, sismos y democracia ateniense.

En los poemas que leí ocurre el espectáculo en un río y a orillas de un río. Los efectos especiales no se ven porque son visualmente irrealizables. Dibujen sus metáforas, les recomendó James Thurber a los poetas. Al menos habría que imaginarlas literalmente; si la literalidad resulta grotesca o incongruente, habrá que modificar la metáfora o de plano sustituirla. Esa pueda ser la nueva poética para salvarse de las honduras ortodoxas del género: una serie de sustituciones hasta que se dé con el títere más adecuado.

Al señor López le gustaba maltratar a su esposa precisamente porque la quería. En eso al menos era atávico. Una noche le reclamó las pérdidas, le exigió explicaciones, le gritó: "Eres una pendeja, una odiosa", y se encerró en su cuarto y prendió la tele a todo volumen; afuera la esposa repasaba todas sus peticiones de perdón. La más eficaz era declararse ella misma como la instigadora de tanto desacuerdo. Y besarle la mano. Dormirían abrazados la noche entera y ella estaría agradecida por la ausencia de rencor en el alma del señor López.

El señor de los muebles viene en realidad a visitar al gato que lo ignora y acaso le abre sólo un ojo.

Miércoles, 6 de febrero

El taladro en el muro es poco promisorio. No debería de trabajarse hoy. Este calendario en el que transcurro va al revés. Voy a recomponerlo. Ayer es mañana con el humo y los treinta y siete muertos.

Cruzando Félix Cuevas alguien dice mi nombre y volteo y la persona encima de la bicicleta me sugiere que avance y hablamos, ya en la esquina de Gayosso, acerca de las revistas donde aniquilan con amabilidad a los editores y de la pauperización del imperio (mi interlocutor es experto en imperios) y de los escritores que hacen llamadas fundamentales y clandestinas a los políticos en turno; le digo que sí a todo porque la persona de la bicicleta va coleccionando enemistades como insectos muertos en un cartón opaco.

JUEVES, 7 DE FEBRERO

"Uno coloca los elogios como el dinero", escribe Renard, "para que se nos reditúen con intereses".

En otra parte, mirando a su hijo recién nacido, confiesa: "Un bebé es un pequeño animal necesario; un gato resulta más humano".

A P. lo hemos perdido en no sé qué pueblo de tradiciones sumamente mexicanas que él acumula para ir a reproducirlas en alguna capital primermundista. Alguien le dirá: "Pero en esa playa violan turistas", y P. tendrá que repensar el asunto de las tradiciones para separarlas de las minucias que las tergiversan en la actualidad.

El taladro hoy es un martillo en el jardín del árbol disecado con el globo rojo en las ramas que la señora ya no intenta desatorar con su escoba.

Mis teorías acerca del dolor tomarán en cuenta a cada uno de los seis habitantes de la civilización que planeo fundar una vez que promulgue mis requisitos. El primero es que se turnen los seis habitantes a la hora de contar anécdotas y que ninguno declare nunca: "Soy una persona muy racional", porque es una falacia: su racionalidad no abarca la mía; ni siquiera la conoce. Casi siempre lo racional equivale en la cabeza a darse la razón, sin segundos o terceros en medio de la disputa.

La abuela ciega y sorda cantaba en la sala cuando salía el hijo de la casa. La hija del hijo la veía con impaciencia y luego con una ternura insoportable; "Cálmate, no seas tonta", le gritaba a la abuela ciega y sorda.

Viernes, 8 de febrero

Ya estoy hablando con perros en la calle; antes sólo les guiñaba un ojo. Quizá lo peor es que les hablo en inglés. Hay estudiantes que destruyen aulas enteras porque los quieren obligar a aprender inglés y yo ando ahí en el parque, empleando ese idioma con los perros. Alguien me va a denunciar.

Cuando murió su marido, la abuela ciega y sorda y su hijo enterraron las monedas de oro en el jardín y esas monedas las usó el hijo para armar negocios en un barrio al sur de la ciudad. El sobrino del pie gangrenado acusó al hijo de la abuela ciega y sorda de haberle quitado la fortuna a su familia. Por su culpa, la hermana del hijo acabó cosiendo cortinas en el Palacio de Hierro.

La hija del hijo tiene dos tías solteronas en Toluca. Venden figuras de porcelana y cristal cortado en una tienda del centro de Toluca, famosa por sus objetos hermosos, según el sobrino del pie gangrenado que solía ir a visitarlas cuando iba a Huixquilucan, a una fiesta anual de militares que asistían acompañados de sus amantes. La fiesta duraba tres días. El sobrino del pie gangrenado murió hace dos semanas. El pie negro ya le apestaba.

Debo investigar mis relaciones ilícitas con el inglés.

Ignoraba que en mi país había tantos poetas y humanistas fundamentales. Me informan de eso en la tele. La grandeza les sucede después de la muerte. Uno que acaba de morir era "bardo de la soledad y de la calle". Aprendo y aprendo.

No sólo no soy poeta, sino que ya no sé leer poesía sin desconcertarme.

Por si fuera poco, no soy suficientemente mexicana; una zona de mi pasado carece de raíces impersonales, de esas que pertenecen al lugar y a los dichos. Quizá me convenga conocer a esas tías de Toluca de la hija del hijo: para arraigarme y admitir por intuición que los bardos nacionales estarán siempre en el inconsciente colectivo conmigo y con la patria.

Leo largos poemas de amor del bardo apenas muerto. Mujeres con pechos bellísimos y almas puras reciben sus hondos elogios de gran versificador que ha abrevado en las antiguas culturas grecolatinas. Ya en la intimidad descubro que es superior y más complejo que el dispendio de halagos que provocó su fallecimiento a lo largo de la semana. Hace algunos años intenté leer las traducciones que hizo de Ovidio: no tradujo para su época o para la mía. Qué extraña decisión.

Hoy presiento que el caballero quiere ocuparme. Me llenaré de amabilidades y cederé en todo hasta el primer cigarro, cuando proseguiré con mi lectura sobre las divinidades abigarradas de los antepasados de mi país.

Después de que me pusieron los electrodos en la cabeza me acosté con mi gato encima durante quince minutos.

Un amigo me comentó: "Y ahora que no tienes nada en la cabeza, ¿qué vas a hacer?"

No sé qué se hace con nada en la cabeza. Quizás aforismos.

Las discusiones acerca de la forma siempre se llenan de contenido, con lo cual se malogra cualquier defensa de la pura forma (valga la rima para enfatizarlo).

Sigo recibiendo información acerca del bardo apenas muerto. Sus encabalgamientos eran excepcionales, se declara.

Es el momento de las listas. Me peleo con un defensor del bardo que blande la palabra *ripios* como una espada muy pequeña. Sospecho que a mí los ripios me persiguen. Ripio cuando proclamo y ripio cuando callo.

El defensor del bardo es amigo de mis enemigos, me advierte el fantasma flaco de mi paranoia. Los enemigos son acicates.

Sé que mañana habrá pleito.

Desde que no soy poeta leo aún más poesía y, a veces, bajo cierta luz, la considero sagrada. Como si se pudiera creer en ella. Y eso no es propicio.

Lunes , 11 de febrero

Hubo pleito. Los meseros no sabían cómo interpretar las manos agitadas en el aire y el tono de las voces. Dense un besito, pidió ella, condescendiente.

Lo bueno de pertenecerme es que puedo odiarme a gusto. Lo hago tres o cuatro días a la semana; luego me engaño con alguna alternativa.

El cuerpo en la noche era un saco de huesos no muy blancos; hastiados. Cuerpo ajeno y a la mañana siguiente mío.

En mi país a los cautivos que mataban en el segundo mes los arrastraban por los cabellos; escondían las pieles de los desollados en una cueva después de haberlas portado como capas durante varios días; otros devotos iban a las cuevas a recoger las pieles para usarlas con las moscas ya pegadas como tachuelas.

Echaban la sangre fresca y el corazón en *xícaras*.

La vida de los antepasados de mi país habrá sido tumultuosa; se bailaba y se cantaba casi a diario. El pulque de los antepasados habrá sido muy espeso. Lo bebían los niños en las ceremonias festivas donde se sacrificaba a un mancebo. Por Tezcatlipoca.

"El bosque de la idolatría no está talado."

La historia que trata de unos y de otros no suele incluir a los individuos.

Alguien dijo *"patético"* el sábado y pensé de inmediato en mis sueños.

MARTES, 12 DE FEBRERO

Ayer ponderé con equilibrio los numerosos pueblos y sus numerosos dioses, como un argumento contra la existencia divina.

Eso fue en la calle Parroquia. De los dioses se pasó a los idiomas, lo cual es un error cronológico. Los idiomas fabrican a los dioses. Así se siente al menos.

Las interrogaciones de dos personas adultas truenan como ligas contra la cara.

Últimamente vivo detrás de mí.

Ayer sedujimos a un señor viejo con la risa. El señor viejo traía una maleta azul y nos habló de las ciudades aburridas. La risa se ocupa de tender trampas y luego se esconde.

A la hija del hijo le gustaba jugar en secreto con su amiga pelirroja; en la cama se le subía encima, pubis contra pubis, y besaba a la amiga en los labios con la boca cerrada y apretaba los muslos. Al final la hija del hijo le pedía una vez más a su amiga pelirroja: "No se lo cuentes a nadie".

La pelirroja se lo contó a su mamá y la mamá le hablo al hijo de la abuela sorda y ciega. No se volvieron a ver.

Las mamás nos protegen.

El trabajo en la granja era tan constante que la mamá de Rimbaud ya no pudo ir a visitarlo en el hospital de Marsella. Pero rezó por él. Para ella morirse era menos grave que escribir poesía: en el cielo sombrío su hijo se uniría con un dios silencioso.

La abuela sorda y ciega pensaba lo mismo, salvo por el color del cielo: el suyo era blanco y fosforescente. Y el silencio: en el suyo todos podrían hablar al mismo tiempo sin que eso pareciera una grosería.

"I love speaking behind people's backs", *dixit* Fran Lebowitz, la nueva heroína de esta casa (junto con el gato de diecisiete años que ya no toma en cuenta a la rata que descubrí el viernes caminando por el mínimo acueducto de hojas secas mientras yo fumaba).

Es un secreto la rata, como la costumbre de verla.

Algunos de los bardos que van muriendo en mi país se convierten en los segundos padres de otros poetas que también serán humanistas.

¿Cómo se consigue eso?

Pubis es una palabra cursi: es mejor *vagina* pero rima con *encima*.

Las ventanas sucias apenas permiten ver el globo rojo y desinflado en el liquidámbar muerto.

Nunca imaginé que escribiría *liquidámbar*.

Y ya lo hice dos veces.

MIÉRCOLES, 13 DE FEBRERO

Aún no aprendo a ser meramente amable.

En el primer día del décimo mes se hacía una fiesta al dios del fuego: "Echaban en el fuego vivos muchos esclavos, atados de pies y manos. Y antes de que acabasen de morir, los sacaban arrastrando del fuego para sacar el corazón delante la imagen de este dios… De esta manera padecían todos aquellos tristes cativos".

"Cosa lamentable y horrible", se atreve a sugerir Fray Bernardino de Sahagún; pero aclara que es obra del diablo, no de los nativos de estas tierras, inocentes e ignorantes.

Se murió el pato de los vecinos de la hermana. En su lugar pusieron a un perro que no para de ladrar. La convivencia de los ciudadanos y sus mascotas permite múltiples interpretaciones, de las que siempre salen mejor libradas las mascotas.

Durante los cinco días baldíos al final de los dieciocho meses de los antepasados de mi país era recomendable mantenerse inactivo. En ese periodo "tenían por mal agüero tropezar".

Encontraron una estatua de Huehuetéotl, dios del fuego, en Teotihuacán. Constituye otro vestigio.

La nostalgia se puede adquirir; por ejemplo, la de una cultura antigua, que se incorpora como un asunto personal. Se extraña lo griego en uno, lo romano y, en épocas patrióticas, lo azteca o lo maya. "Me encantan esas culturas", afirma un amigo nostálgico. No hay cultura que no termine por ser incómoda y decepcionante. Entonces uno traslada su nostalgia a las utopías anteriores a la cultura que las fue distorsionando.

A mí me tocó una nostalgia inmediata, lo cual me hace netamente inferior.

La hija del hijo dejó morirse de hambre a la rata blanca que le encargó una amiga que tuvo que irse de la ciudad. La abandonó en la azotea; cuando por fin se acordó de la rata blanca, subió y la halló muerta en una caja de madera mordisqueada por la rata en busca de comida. A la amiga le explicó que la rata blanca se había muerto de tristeza.

La erudición ajena despierta sospechas. La de uno, en cambio, es del todo natural.

Sigue el dilema del estilo. ¿Cuáles serán las "paradojas viejas como catedrales"?

El señor López se llevó de paseo en el coche a su hijo de cuatro años. Lo puso en el asiento delantero. Cuando se estrellaron, el hijo se fue contra el parabrisas, la cara cubierta de astillas de vidrio.

Pasó una noche el señor López en la cárcel acusado de homicidio involuntario. Todos menos el hijo de cuatro años se rieron del incidente mientras desayunaban.

Un sobrino del viejo que deambulaba en calzoncillos se perdió en el avión de espionaje *Rivet Amber* el 5 de junio de 1969 sobre el estrecho de Bering. Nunca se encontraron restos de la nave ni de los cadáveres. El sobrino era navegador. El hijo de cuatro años nació el 5 de junio de 1962.

Las coincidencias también producen nostalgia.

¿Qué es un poema?

Los versos y las estrofas de Olvido García se mueven o avanzan de un modo inestable y frágil, a punto de caerse o callarse: el poema en vías de extinción cada vez que se manifiesta.

No habrá poéticas evolutivas a menos que se vuelvan a poner en práctica los manuales de versificación. Todos sabremos cómo encabalgar.

Plagado de ironías: suena a que uno está enfermo.

Jueves, 14 de febrero

Soy sumisa ante una adolescente. Los jóvenes producen ese efecto; uno, o yo, les cede el dominio entero de la experiencia, como si se transcurriera al margen, ya insignificante. Cuando torpemente se intenta contar alguna anécdota de la propia vida, la impaciencia mezclada con sorna basta para que se deje la historia incompleta, con cierta vergüenza por haberse atrevido a creer que ese remedo de vida podría interesar: "Ah, claro, vas a empezar con tus historias del sexo o el cigarro o la mota o el alcohol en la adolescencia…"

La sensación íntima de la relatividad surge alrededor de los cuarenta y ocho años. Es un privilegio bastante tristón.

Las "cerimonias" de la idolatría "son tan crueles y tan inhumanas que a cualquiera que las leyere le pondrán horror y espanto".

En las fiestas de los dioses de la lluvia, los *tlaloques*, se buscaban bebés "de teta, comprándolos a sus madres". Se preferían bebés con dos remolinos en la cabeza, pues eso era señal de buena suerte. Sacrificaban a los bebés en los montes altos y luego se los comían cocidos. Era señal positiva que los bebés lloraran copiosamente camino a los montes: así "lluvería presto".

Idolatro a la adolescente. Cuando admiro su cara, se me despierta la angustia de la memoria. El tiempo es de ella; no mío.

Un vecindario es un hecho cultural. Donde vivo se pone en el parque un mercado de zapatos con música a todo volumen. Los zapatos se fabrican en León y uno de los comerciantes se pasea en un Volkswagen pregonando los precios bajos y la calidad. Uno se indigna y vuelve súbitamente a esa melancolía de un "antes" idílico; se siente uno superior y luego abatido.

Leo la traducción de Antígona que hizo Anne Carson: *Antigonick*; tan metacontemporánea que irrita: una cincuentona casi sesentona haciéndose la joven, aunque sea desde el cultísimo griego antiguo (que no era antiguo para Sófocles). Carson tendría que haber emulado sus traducciones de Safo: una neutralidad repleta de autoconciencia, una versión en cuerda floja.

Debe haber siempre desconcierto con los clásicos, no familiaridad.

Me lo digo a diario: uno puede acabar deambulando en calzoncillos por un jardín real o irreal. La naturaleza del arquetipo dependerá del testigo.

Oí que existen poemas afuera de la poesía. Hay esperanza.

Los hijos del sobrino-navegador del *Rivet Amber* son inalcanzables. Uno era genio, pero la decepción con las reglas lo llevó a la albañilería. Construye casas en alguna región de Estados Unidos.

"Cien mil cerebros se conciben genios en este instante", escribió Pessoa.

Pero el hijo del navegador decidió no serlo.

Me avisan que está de moda Schopenhauer.

Viernes, 15 de febrero

Recibimos una llamada de parte de un tal ingeniero Torres, amenazante, perturbadora. Desde entonces la casa se ha ido llenando de ruidos y presencias. Como si hubiera fugas o grietas en las paredes.

Tal vez todo empezó con esa rata en la terraza. Una irrupción desagradable en nuestro reino diminuto y perfecto.

La razón más solidaria se obnubila con "lo bonito"; prefiere no estar en desacuerdo con una cara deleitosa y le da por su lado. La apreciará mientras siga siendo bonita.

Hace días que no tengo noticias de Ella o de P. Pienso en sus ausencias como en una costumbre difícil y luego normal.

La nueva amistad me hace creer en las confesiones susurradas en el rincón de algún cuarto. Contaré mis secretos. Debo aprender a susurrar sin sonrojarme.

Inventaré mis secretos. No serán escabrosos sino sólo ligeramente perversos; es decir, ingenuos. Un amigo ya me quitó esa máscara: "Tus pecados son boberías de niña".

Lunes, 18 de febrero

En los *tzompantli* había hileras de cabezas clavadas en palos. Eran sitios místicos para los portadores del corazón colectivo y la sangre cuajada.

En los días más tranquilos de esa época se bailaba en un ruedo y se decapitaba a miles de codornices. Luego los antepasados comían gallinas y perrillos. Y se iban a sus casas donde había altares cubiertos de flores en los patios. Bailaban su areíto velozmente antes de dormirse.

Hay una pelota debajo de la cama. Está quieta por lo pronto. No sé cuánto tiempo lleva ahí. La de K. al menos rebotaba. Era la pelota de una fábula cuya moraleja nunca entendí: que no hay pelota sin víctima o que las pelotas debajo de las camas son siempre figuraciones del Ello o Id.

Anoche se movió el globo rojo en el árbol; cambió de rama y de perspectiva.

El polvo en las calles de mi sueño forma playas con orillas negras donde se puede jugar con olas de estaño.

En las calles de mi sueño una amiga me llama por otro nombre y me cuenta de los ciclos de la nieve como si los hubiera descubierto ella. Me advierte que la nieve mata cuando se examina de cerca. Es tan blanca que calcina.

No concuerdo en la calle con mi sombra.

Las fiestas de los antepasados de mi país comienzan a repetirse, casi rogando que alguien venga a interrumpirlas.

Me envía un mensaje un poeta joven. Su novia también es poeta. Desea mis consejos.

Es una tarea solemne.

Me pregunta si hay alguna receta ideal para escribir poemas emocionantes y si vale la pena aprender a escribir sonetos o ya no funcionan; y si creo que él y su novia deban escribir poemas al alimón o si convendría que cada uno se ocupe de su obra.

Pienso en la pantera de Rilke. Podría contestarle al poeta joven que vaya al zoológico, elija un animal y lo observe durante horas; luego regrese a su casa y escriba acerca de lo que olvidó.

Aunque ya no soy poeta, me da vergüenza anunciarlo en un mensaje. Fingiré hasta que el poeta joven supere mis consejos más o menos jocosos.

Le voy a escribir sobre la pantera y las sílabas.

Lo último que vio la hija del hijo fue el culo del hijo. La abuela ciega y sorda ya había muerto, una tarde mientras comía la familia. La hija del hijo subió a avisarle que estaba lista la comida. Entró a la recámara y la vio en el piso junto a la cama. Se la llevaron dos cargadores en una bolsa negra.

Al hijo le taparon todos los orificios antes de bajarlo a la morgue. Mientras lo cremaban en un horno en Huixquilucan, la familia del hijo comió sándwiches de jamón y queso.

Leí que hay que aprender a perderse en el campo o en la ciudad. En mi país el campo es un lugar hirsuto, no una arcadia. Ahí están los restos de la ciudad y la basura y los cadáveres de los perros; tal vez muy adentro uno pueda perderse. Primero habría que perder la caja en la que vive la cabeza; colocarse en medio de la intemperie hasta que se desvanezcan las líneas y los ángulos. Y caminar con la cabeza abierta. En el libro se habla de una tribu que carecía de izquierda o derecha y empleaba sólo los puntos cardinales: "Me picó un mosco en mi brazo del este o del oeste", según de dónde se provenga. Al norte pondría yo mis fronteras y me rascaría al sur.

Vi una película de espionaje y guerra. A los enemigos se les torturaba en los mismos desiertos del profeta. Los torturadores eran tan hermosos que uno los absolvía.

En mi civilización de seis personas tendremos que estar siempre presentes las seis personas. De ese modo evitaremos las conspiraciones. Al poeta de la década le daremos instrucciones. Sus metáforas no podrán ser tan intrincadas que nos obliguen a desentrañarlas para concluir que eran sobre uno de los miembros de nuestra civilización.

Seguiré informándome sobre los antepasados de mi país.

MIÉRCOLES, 20 DE FEBRERO

Una comunidad al sur de mi país cuelga a un guajolote vivo de un alambre; los miembros del pueblo pasan corriendo en sus caballos con machetes y de un solo golpe decapitan al guajolote, que se retuerce mientras los otros miembros del pueblo, abajo, se ríen. Parece que el guajolote es una alusión al antiguo juego de pelota. No es crueldad, me advierten, sino antropología. En la foto el guajolote intenta mirar hacia arriba y enderezarse.

En su último día el señor López se despertó en una cama en un hospital con sondas enredadas alrededor de los brazos y el cuello. La hija salió huyendo para buscar a una enfermera. En ese momento entró el hijo del parabrisas. La hija había estado leyendo a Jorge Manrique para estimular la canonización del padre. El hijo del parabrisas sostuvo la nuca del señor López para que muriera apaciblemente.

Nada ocurre como uno lo imagina la noche anterior. Con la amante de Wittgenstein el delirio es la memoria desprendida de la conciencia. Va a darse el contagio que temo. Será un homenaje.

Me encontré de casualidad con P. en Insurgentes. Venía de comprarse un instructivo para fabricar hornos prehispánicos. Según él, ese tipo de horno que inventaron los aztecas es muy superior a los occidentales que empleamos ahora. A P. la sabiduría de los antepasados de mi país le resulta iluminadora; considera que debemos retomarla. Odia Occidente y sus consecuencias.

A los quince años enviaron a la hija del hijo a un campamento en Tepoztlán. Dormía en una cabaña en un bosque pequeño junto a otras cabañas. En las mañanas sacudía sus zapatos para asegurarse de que no se hubiera escondido ahí un alacrán; también las colchas y las sábanas. El campamento era una comuna de artistas y *hippies*. En las esquinas del comedor había telarañas de viudas negras con su reloj de arena anaranjado en la panza redonda.

A la hija del hijo la asustaban las noches; las visiones del bosque la invadían como una yedra seca y crujiente. No podía respirar. Se lo contó a la maestra de cerámica que ocupaba la cabaña contigua con su novio roquero y que era dulce con los alumnos. "Ven a mi cabaña cuando te asustes…" Una vez lo hizo la hija del hijo y la maestra le gritó: "Vete a la chingada, pinche niña consentida; déjanos en paz". Al día siguiente la maestra le sonrió a la hija del hijo.

Durante la fiesta de despedida del campamento la hija del hijo se lastimó la mano en el barandal de una escalera. Sintió una punzada de fuego en la palma. Estaba convencida de que la había picado un alacrán. Cuando llegaron sus papás con su hermana a la fiesta, la hija del hijo les contó del alacrán en la escalera.

En la evaluación general, el psicólogo del campamento les comentó a los papás que el problema de la hija del hijo era un profundo complejo de inferioridad: su hermana era tanto más hermosa. El alacrán fue un ardid para llamar la atención.

La hija del hijo se metió en el baño para mirarse en el espejo.

Jueves, 21 de febrero

Hoy me toca leer en voz alta un texto oblicuo. No puedo anunciar todavía que ya no soy poeta. Dejé de serlo el 17 de enero de este año.

Hay rosas rojas y rotundas junto a mi ventana; serán rosas frágiles mañana, y marchitas el sábado.

And so I thought I saw the cat.

Se lo he dicho tantas veces: Ella importa menos que la gente. Pero Ella se abstiene de pronunciar palabras y entrecierra los ojos. Una respuesta amable.

Antes de la ceremonia de la cacería de ciervos y conejos y liebres y coyotes, los antepasados de mi país buscaban cañas con que fabricar saetas y se hacían cortes en las orejas y se sacaban sangre para untarse las caras. También hacían "manojitos de plumas blancas" que luego quemaban.

Salían a cazar a los pueblos de la zona: "de Cuauhtitlan y de Cuauhnáhuac y de Coyohuacan". Mataban al final numerosos esclavos: "echábanlos sobre el taxón, y abríanles los pechos y sacábanlos los corazones". Significaba que eran ciervos atados a la muerte.

Después comían los tamales con salsa que traían las viejas en *xicaras:* y se iban todos a sus casas.

Yo nací en *Coyohuacan.* En mi jardín se cavó un hoyo para una alberca y se encontró un mural de los antepasados de mi país. Se tapó rápidamente para que no interfirieran los burócratas en la vida de los niños.

Ha de seguir ahí, bajo alguna losa.

El poeta joven me mandó otro mensaje hoy. Entiende a grandes rasgos el asunto de la poesía, pero ignora cuáles son los temas adecuados. ¿Conviene escribir sobre el presente o mejor sobre el pasado? ¿De política? Por ejemplo, ¿lamentar y enumerar las muertes actuales y condenar las acciones de los gobiernos en verso y con ahínco?

No sé qué le voy a responder. Alguien me enseñó un poema sobre los perros chilangos: chuecos, hambrientos, perseguidos. En mi país provoca hilaridad el sufrimiento. Creo que es una herencia colonial. Por decirlo así. Si fuera prehispánica sería antropológica y valiosa. Como un tesoro.

Ayer deambulé otra vez entre coches con una bolsa de lona llena de papeles. Quería hacer tiempo para perderlo más fácilmente. Me detuve en varios negocios con gesto profesional. El Ello o Id no se está haciendo cargo de mi destino los miércoles.

Tan solemne la palabra destino en este teatro donde divago.

Le voy a escribir al poeta joven: los temas son ninguno, huecos alambicados, encabalgamientos impecables, la zorra misma persiguiéndose la otra cola. Capas de humanismo grecolatino.

En mi civilización existirá una vanguardia permanente; eso resolverá las discordias y los temores de la caducidad.

A la amante de Wittgenstein se le murió un hijo en México. Se llamaba Simón o Adán: no se acuerda.

Siempre hay un momento en que Ella me desconoce.

VIERNES, 22 DE FEBRERO

Leído el texto oblicuo en un ambiente de festejo. No vi quién me veía del otro lado. Mis pies se escondieron detrás de los barrotes de una silla alta e incómoda. Los poemas breves provocaron risa entre el público. Es divertida la poesía cuando se lo propone.

Me advirtieron en la banqueta que Occidente ya está exhausto.

La poesía ofrece servicios; puede ser compasiva, simple, representativa, populista y, además, chistosa.

Rilke le recomendó a su poeta joven que nunca escribiera poemas de amor y que se preguntara en la "hora más quieta" de la noche: ¿Puedo vivir sin hacer poemas?

Mi poeta joven ya no me ha escrito. Por lo que pude leer entre líneas, intuyo que optó por crear unos videos con paisajes musicalizados y muñecas de plástico hundidas en cubetas llenas de lodo. En su último mensaje me pidió dinero. Iba a reunirse con otros poetas que planean las efemérides del año. Dada mi naturaleza, seguiré esperando sus mensajes.

LUNES, 25 DE FEBRERO

En la casa de un amigo el horario se repite exactamente igual todos los días, para simular una especie de eternidad; las dos vidas de esa casa dependen de que se mantenga una rutina estricta. El más viejo lee sobre los padres fundadores de Estados Unidos; el menos viejo juega a la bolsa de valores. En el camino hacia abajo o hacia arriba hay un altar con una urna y flores frescas cada mañana. Es un santuario que me gustaría habitar como sombra. El menos viejo no tolera las escenas de violencia; el más viejo es fanático de las historias sobre *gangsters*.

En mi país las multitudes se mueven con lentitud por una calle peatonal donde el sol abre surcos en el polvo que no se habían visto antes. Hay imitadores de héroes canónicos.

La semana pasada llegó un rinoceronte a mi país en una caja blindada, dentro de un avión. Lo recibieron los agentes de un zoológico donde vivirá con una hembra de su especie. Es una historia sucinta que promete tener buen final. Habrá rinocerontes pequeños en Puebla.

MARTES, 26 DE FEBRERO

Ayer me fijé en que la luz se reparte por sectores. No toda se esfuma al mismo tiempo.

Una lección que me falta por aprender: nunca pelearme con los líderes, acaso sólo con sus representantes. En mi civilización de seis personas no habrá líderes. Por lo pronto, somos una cultura exclusiva que tiene apenas dos adeptos sumamente leales. Y el gato de ambos, claro.

Cuando ponga mi mano en el fuego por amor, se va a encoger y por fin podré expresar con breves ademanes mi gratitud.

Mi tema de hoy: por qué los antepasados de mi país imaginaron deidades contrahechas y monstruosas. Intentaré no llegar a conclusiones. Son deidades en proceso de destrucción. De ahí que los sacrificios sean fundamentales: uno debe imitar el ciclo eterno de vida y muerte que se muestra en la imagen de piedra.

El señor López tallaba con navajas figuras geométricas en la superficie de una mesa de madera. Una hija se acercó cuando él se distrajo; agarró dos o tres navajas y las sobó entre las palmas hasta que le salió sangre. Le pareció un experimento en el arte de lo sublime y lo corpóreo; en las palmas se distribuían las heridas como una red uniforme y casi iban sangrando con armonía.

El señor López ya nunca terminó de tallar la mesa. En la comida se habló de la sangre y los invitados miraron a la hija con lástima.

Resurgió el poeta joven. Me dice en un mensaje que la probabilidad de que se repita un "siglo de oro" en la poesía es mínima; por lo tanto, se puede simular con "dosis adecuadas" de ironía.

Aún no sé qué responderle. Ya perdí cualquier claridad en cuanto a las reglas y las aseveraciones; como si las hubiera calcinado ese sol alternativo y fulgurante, con aspas secas y filosas en mi cuarto.

Consulto a Rilke para no perder el tono de alguien convencido de sus enseñanzas. En su segunda carta a Franz Xavier Kappus del 5 de abril de 1903 afirma que la ironía no debe gobernar el alma del poeta: "busca en la hondura de las cosas". Ahí no llega jamás la ironía, asegura Rilke.

Pero la ironía y el dolor son dos caras no de un espejo, sino de un pozo. Eso me lo comunica mi diablo de hoy que anda muy suelto. Conmigo la ironía ya tergiversó cualquier versión de la hondura.

Wandering through this endless nothingness. Once in a while, when I was not mad, I would turn poetic instead.

La amante de Wittgenstein se masturbaba ocasionalmente contemplando el mar. O manejando, con una mano en el volante y la otra entre las piernas. Eso me lo contó un día de secretos. Dime uno tuyo. Manosear a un gringo furtivo tras el biombo blanco en la sala de los papás no vale. Ella me presume la potencia de sus orgasmos y su agudo conocimiento de lo sexual.

En mi cielorraso imagino pinturas eróticas que me caen encima y me permiten liberar toda esa energía que prometen los manuales.

Sé que mis pecados le van a dar risa. "¿Eso es todo?", dirá condescendiente.

Un colega me confirma que el viaje a la Luna de los astronautas en 1969 fue un montaje; que las banderas no ondean así en la Luna y las sombras están al revés. Le pido que me elabore una lista de los otros montajes que se han hecho a lo largo de la historia. Necesito aprendérmelos de memoria. He advertido montajes de montajes. Tendré que cotejarlos con los que ha descubierto mi colega.

En la casa de abajo no se abren nunca cortinas ni ventanas. Hay enormes peluches en los sillones y sofás, como si estuvieran de visita, muy acomedidos y bien sentados: un hipopótamo azul, un oso verde, un canguro gris y otras variedades. En las repisas se alinean libros de contabilidad y un llaverito con los colores de Brasil. El propósito de esa penumbra húmeda es que no entren las arañas que están afuera, esperando a que se abra algún resquicio. Me asomo a verlas: canicas perfectas y negras.

Hay noches en que mi cabeza se pone a elucubrar a solas con la textura de los peluches. No son alucinaciones, sino e-pi-so-dios. Cuando se cubren de peluche tengo que rogarle a mi piel que me deje salir.

Hoy no se amerita mi corazón.

En un sueño donde me reunía en un consultorio con antiguos conocidos, alguien me espetaba: "No seas patética".

Supongo que es patético colocarse en el centro de las conspiraciones, incluso climatológicas. Por ejemplo, a una optimista le expliqué con voz ecuánime —según yo— que muy pronto se acabaría el agua de la ciudad y que ese sol en el cielo azul secaría todo; la optimista comentó "Sí, sí...", antes de alejarse velozmente. Compartir la paranoia es patético.

Pediré perdón y cerraré el círculo.

El globo rojo se está desintegrando en el árbol muerto. Ha de ser cierto lo que me dijeron en la mañana: no hay nada que no termine por degenerarse. Con la posible excepción del amor, se aclaró con cierta molestia; de ahí la intensidad.

En el decimosexto mes de su calendario, los antepasados de mi país "andaban muy devotos y muy penitentes, rogando a sus dioses por el agua y esperando la lluvia". Hacían ceremonias para honrar a los *tlaloques*. No se hacían sacrificios, salvo simbólicos, con las *imágines* de los ídolos: "matándoles, y cortábanle el cuello y sacábanle el corazón, y luego le daban al dueño de la casa puesto en una *xícara* verde". Después bebían *pulcre*.

En las fiestas del mes anterior habían sacrificado en los cúes numerosos esclavos y cautivos. Los sátrapas, como los llama Sahagún, arrastraban los cadáveres decapitados y sin corazón por las gradas y por los suelos al pie de las pirámides: iban dejando charcos de sangre.

La teología de la sangre: a cambio de la presencia constante y temible de los dioses.

Si uno es verdaderamente ateo, habría que serlo también con uno mismo; si ya se decidió no creer en un dios, sería ridículo y presuntuoso creer entonces en la propia persona. Esa sí que es una fe perversa.

El problema del estilo se ha vuelto acuciante; quizá ya es demasiado tarde. El estilo no debe enredarse con los sentimientos.

La amante pinta retratos. Yo pongo las caras. Los retratos los coloca ella en los pasillos de un museo famoso, entre un cuadro magistral y otro. "¿Qué habrá después de mi redención?", me pregunta. Le digo: "No hay nada y por eso hay que apostarle a la celebridad". Las caras que le pongo son parte de una nueva vida que estoy proyectando. Caras transparentes que se mueven como el minutero de un reloj.

He olvidado a P. Me trajo copal hace unos días; purifica lo invisible, me explicó. No acepta P. que no quiero las revelaciones de un olor. P. vende velas en un parque los domingos; cada vela tiene un poder específico.

A veces reaparece un remedo de la poesía, la culebra de su columna. Podría recurrir de nuevo a las sílabas; esconder heptasílabos en dodecasílabos. Los temas serían secundarios: una orla en el aire, el declive de un helecho, el sonsonete de una campana.

Pero no lo haré.

El poeta joven salió en la tele ayer anunciando un movimiento contestatario: sacar y meter simultáneamente poemas en los espacios públicos, con micrófonos afuera y adentro. El propósito es que la gente sienta el vértigo de los sonidos.

Espero que el poeta joven no me pida mi opinión. Aún no le digo lo de la ironía. Va a sonar muy anticuado junto al arte de los micrófonos.

Si los dioses de los antepasados de mi país aceptaban sacrificios simbólicos, no entiendo por qué persistieron los sacrificios reales que lastraban su culto con cadáveres que además debían comerse. Quizá los *tlaloques* se ofendían con el contraste brutal entre el agua y la sangre.

Estoy olvidando también la realidad. Anoche apresaron a la Maestra y mañana celebra su última misa el Papa. ¿Será suficiente?

La amante se está inmiscuyendo conmigo de tal forma que la oigo incluso cuando no la convoco. Los retratos que hace de mis caras le darán la fama que necesita para continuar con su "vida de aislamiento": entre las paredes blancas y la arena donde cumple con sus necesidades. Vio castillos en España y se estrelló en la costa de Italia. Los tapetes del coche se le vinieron encima.

No puedo competir con eso.

Jueves, 28 de febrero

Recibo una notificación:

En la junta del comité directivo antier se decidió cancelar su membresía. Se revisó su caso con sumo cuidado y se notaron varias anomalías, de fondo y de forma.

Por lo que respecta al fondo, usted incumplió con la regla más elemental al comportarse como residente cuando sólo era una invitada; estaba usted a prueba, pero se tomó demasiadas libertades, actuando como uno de Ellos e incluso poniéndose al tú por tú con los líderes.

En lo que respecta a la forma, usted no pudo ni siquiera alimentar adecuadamente a los otros miembros cuando los acogió en su hogar. Lo comentaron los del comité en el coche después: tantos errores de gusto y finalmente de educación y de clase. También enlistaron detalles sobre los cuadros que colgaban sin ton ni son de los muros. "Ni de arte sabe", se afirmó en el coche o tal vez posteriormente, mientras se escribía la minuta.

Por ende, le pedimos de la manera más atenta que evite todo contacto con los miembros del comité directivo y que acepte con modestia su exclusión a partir de esta fecha.

Al calce se ve la firma ilegible de alguna autoridad.

Semejante a la firma de la encargada de los hornos crematorios en Huixquilucan. Algún día voy a recordar mis tardes en Toluca y el reto que me impuse frente a las aguas del Lerma; un reto moral cuyo esquema se me descompuso ya en la carretera. Por el espejo retrovisor me espiaba un joven con cachucha amarilla. Quería narrarme las crónicas de esos pueblos: su breve siglo en las alturas antes del incendio.

Un corazón roto no es un corazón muerto.

No sé qué llevar conmigo. La amante de Wittgenstein conservó su atlas para no perder de vista la ubicación de Savona. Según ella, Da Vinci no vio nunca la nieve ni, en consecuencia, a los niños jugando con bolas de nieve.

Ignoro si eso equivale a un dato cultural o vital.

Incluso sin la membresía, tengo mi civilización de seis personas; si todo funciona, nos reuniremos por las noches para el recuento de las minucias del día; nuestras conversaciones girarán en torno a dos o tres esencias —el gran capital o los holocaustos o las rebeliones— y quizás en alguna ocasión se aludirá a las cenizas y a su esparcimiento un domingo por una ladera, cuando ya eran los restos de nadie.

Los gatos de la mamá de la hija del hijo le mordían los tobillos a la abuela ciega y sorda. Un vecino quiso envenenarlos. La mamá los puso a resguardo en su recámara.

Deambulé de nuevo por las avenidas, el pelo revuelto por el sudor, el perfil afilado en el aire, como si tuviera un propósito ineludible. Visité un puesto de donas, revisé vitrinas y traté de no retrotraerme en los pasillos de mármol.

Cuando alguien llora en la calle, los transeúntes se sienten ultrajados por tal afrenta de la intimidad. Una señora lo hizo ayer en las escaleras del Metro: soltó sus bultos de plástico, dejó caer sus lentes y lloró con discreción. Los transeúntes seguimos caminando como si la vida personal no existiera: uno de los avatares de la democracia, creo.

Cuando soy testigo dejo de deambular. Me convierto en puro Id.

El estilo tiene que incorporar lo siguiente en su debate: aquí, en mis inmediaciones, siempre es ayer.

Voy a calcar un círculo perfecto, como escribe la amante de Wittgenstein que dibujó Giotto cuando le pidieron una muestra de su obra.

A una señorita amiga del señor López se le ocurrió preguntarles a sus compañeros de mesa: "¿Y los cuadros de Giotto?" Los comensales se rieron con sus servilletas en la boca. Cambiaron de tema: uno mencionó la ternura de las Madonnas de Bellini, el azul inolvidable de Fra Angélico, la belleza de los imperios de antaño.

Cruzo los dedos para que mañana me escriba un mensaje el poeta joven.

Marzo

El año pasado, una mujer de mi país le sacó los ojos a su hijo pequeño con las manos porque el hijo no los cerró durante una ceremonia
a la Santa Muerte.

Era una mamá llena de fervor.

Aún no me escribe el poeta joven. Seguramente lo ofendí con mi
titubeo.

En la fiesta de la "borrachera de los niños" los antepasados de mi
país "daban de beber a los otros, y los otros a los otros". La noche
entera bebían *pulcre* y al cabo se peleaban, se reconciliaban y luego
se iban abrazados a sus casas.

En la noche voy a leer sobre las invenciones de la memoria. Uno se
mete en recuerdos ajenos. Yo fabrico los de alguien más y confirmo
que no soy devota de las palabras de mi idioma. El verbo "amar" se
usa en balde. Una adolescente me lo demuestra. Ama las casas grandes y las comedias. Por amor le doy por su lado.

En otra fiesta de los antepasados de mi país, después de matar a los esclavos, "los hacían pedazos y los cocían… Echaban en las ollas flor de calabaza. Después de cocidos comíanlos los señores principales." El pueblo no comía pueblo.

LUNES, 4 DE MARZO

Me notificaron el fin de semana que los hombres son menos susceptibles a la inteligencia de las mujeres que al revés. Aún no sé cómo voy a interpretar tal dogma.

En mi civilización los seis miembros seremos muy susceptibles los unos a los otros. Al poeta de la década le tocará hacer los homenajes correspondientes, las loas al elegido del día: se leerán sus palabras o sus poemas o sus aforismos en voz alta. Qué tiempos nos esperan; una fractura en la frontera de los territorios donde descansa por ahora un fragmento de nuestro espíritu colectivo.

El sábado me escribió el poeta joven para comunicarme su profunda emoción: desea integrarse a un taller de poesía que impartirá uno de los antiguos patriarcas o súbditos. Aprenderán los poetas jóvenes a versificar y divertirse al mismo tiempo: ¡podrán cambiarle la letra a nuestro himno e incluso escribir sextinas! Lo felicité con cierta parquedad; descubro que en el fondo me hacía ilusión tener un discípulo, aunque fuera para impartirle puras enseñanzas escépticas y áridas.

Debo reflexionar acerca del regreso de los antiguos patriarcas o súbditos para poner orden en la "casa de la poesía".

Las glicinas alrededor del marco de la puerta y, antes, los dos patos muertos a tiros en un campo ruso se han convertido hoy en el símbolo de una absurda nostalgia cultural. Cuando me dijeron que esa flor violeta que colgaba como un racimo de uvas pequeñas era "glicina", sentí —melodramáticamente— que por fin comenzaba a incorporarme a la gran tradición. Por su parte, los patos caídos en el campo ruso me permitieron trascender la empatía por los cadáveres cubiertos de plumas sucias. Eran elementos de un escenario, no simples patos muertos y caídos entre las hierbas.

El marco de la puerta acabó siendo la caja impresa de una novela.

Cuán derivativo. Las glicinas colgaban en un jardín de Normandía. La mujer que vivía en esa casa era una sucedánea de Madame Bovary, según su marido: no por el adulterio, sino por la poca imaginación.

En el jardín de las glicinas me topé con un Maestro del *trovar clus*. Amaba a las mujeres compuestas de múltiples dones de múltiples mujeres: la *domna sofia*. Recitaba *"Near Perigord"* de Pound: *"Bewildering Spring and by the Auvezere/ Poppies and day's eyes in the green émail/ Rose over us: and we knew all that stream..."*

En la noche el Maestro era un niño aburrido que hacía muecas y sermoneaba sobre las economías del Tercer Mundo y el valor del dinero. Se le torcían los ojos cuando decía "dólares".

MARTES, 5 DE MARZO

Cada vez que a K. le recordaban su insecto, montaba en cólera: "¡No es lo único que he hecho!"

La misma cucaracha flota en la alberca. Se nada por plazos y se empuja ese pequeño cadáver hacia las orillas. Al final de la alberca una mujer gorda elogia al nadador y él ya no se ahoga con las gotas de agua.

La amante de Wittgenstein sabe que hay alguien más en la casa, en el piso de arriba, mirando por una ventana. Primero es una mujer, luego una niña que no fue a la playa con el resto de la familia. Sabe que la pintora del cuadro perdió su perspectiva en las dunas. Se acuerda de haber visto el Partenón desde otra ventana.

Yo vi el Partenón de paso, mientras examinaba el bulto borracho de una mujer en la calle. Después me senté a reflexionar en una banca sobre el significado de las columnas. Y me pregunté qué iba a recordar de ese día.

En mi cabeza conviven tres personas. Una olvida lo que se propone y las otras dos se burlan. Quizás al rato se presenten las alucinaciones o e-pi-so-dios.

La señora del árbol muerto con el globo rojo nos detuvo en el mercado para reclamarnos el crecimiento caótico de la yedra. No desea problemas con ningún vecino. Cuando voy a visitarla, me tropiezo con una pileta de agua donde se bañan los pájaros. La señora me lo explica como si eso comprobara su bondad.

Oigo mientras me baño al recolector de las rentas. *"I can't pay the rent"*, pregonaba la amiga del pelo largo con su títere en la mano. Era una obra de teatro para la primaria de la escuela: *"Oh, but you must pay the rent! I can't! You must!"*, etcétera.

La amiga del pelo largo era genio, según los profesores. Pintaba, escribía, tocaba el clarinete (y además, era hermosa). Se enamoraron la hija del hijo y la amiga durante varios meses. La amiga le pidió a la hija del hijo que la acariciara. No se besaron, pero sí se tocaron los brazos, los pezones y los labios. La hija del hijo le prometió su amor y la amiga se fue del país. Hicieron cita para reunirse en cuatro meses. La amiga se quedó en casa de la hija del hijo; se pusieron vestidos verdes el día en que iban a comer peyote con unos chicos que habían conocido en una fiesta, pero nunca llegaron a recogerlas.

Se durmieron con sus vestidos verdes. La hija del hijo se dio cuenta en su duermevela de que ya no quería a la amiga del pelo largo y al día siguiente la maltrató.

En las piedras de un río en Jungapeo una señora de Kentucky me leyó su correspondencia y lloró pidiendo perdón por sus pecados. Había intentado matar a su marido y por eso vivía en ese rincón de la república.

Tres gatitos dormían conmigo en la casa de esa señora. Debía dejarlos en libertad, pero en mi sueño de la noche anterior se habían hundido en el río.

Me peleaba con la señora porque ella maldecía a los habitantes de mi país a diario: *"Oh, these people!"*

En Jungapeo me habitué a prescindir de la luz. Vi un cuerpo muy blanco flotar boca abajo, hinchado en un estanque. Cartografié la ruta que seguirían los gatitos y los solté en el jardín, a unos pasos del río. Los oí maullar durante algunas horas y luego nada. No los volví a ver. Los gatitos y la arcadia tienden a enemistarse. El río mismo era negro y cambiaba de ruido a cada rato. Por eso la falta de luz terminó siendo un torrente discorde en las orejas.

La segunda persona en mi cabeza no puede respirar correctamente. Se atraganta con sus bocanadas de aire.

Ayer no pude leer sobre los antepasados de mi país; me dediqué a estudiar unas páginas acerca de una zona pantanosa de la poesía mexicana donde los viajeros se pierden para siempre. Después el pantano se convierte en una caja de cigarros y la metáfora se deshilacha. Eso les pasa a las metáforas cuando en realidad no las apuntala nada; son parásitos.

Miércoles, 6 de Marzo

Los antepasados de mi país lanzaban ajolotes vivos al comal; los ajolotes se contorsionaban. ¿A eso se referirá lo de "vivaracho"?

Maupassant comía en la torre Eiffel porque era el único lugar desde el cual dejaba de contemplarla. Eso escribe la amante de Wittgenstein, aunque ignora por qué lo sabe.

Tal tipo de ignorancia es la que buscaría insertar en mi ocio. Una larga retahíla de digresiones en tierra de nadie. Según Foster Wallace, la amante de Wittgenstein vive en el paisaje lúcido y disruptivo que generaría el *Tractatus* de Wittgenstein: "*What if someone really had to live in a Tractarized world?*"

No habría tal control de los recursos del olvido y de la locura. Aunque en definitiva la amante "plasma una grandiosa puesta en escena" de aquel *dictum* de Wittgenstein: no se puede pensar sin ejemplos. Ella no logra hacerlo sin ellos y fabrica entonces una cadena perturbadora de hechos que prohíjan otros hechos hasta la abstracción.

Mi cabeza en su cabeza y en la cabeza contigua es un espejo o un calidoscopio o una lente o un santuario; depende de la fecha.

Es obvio que la palabra *plasma* no me pertenece. Se le debería atar a cada palabra un ejemplo; para plasma "la forma de algo perceptible", lo cual conduciría de vuelta a la versión líquida de la sangre.

"Todos los días del mundo ofrecían sangre e incienso al Sol", los antepasados de mi país: puntas de maguey embadurnadas de la sangre que escurría de un corte en las orejas, para apaciguar los rayos ardientes o dirigirlos hacia las zonas de crecimiento.

Peto y Sol equivalen a oro que equivale a sí mismo. A lo lejos surgían las pirámides cubiertas de oro. Lo cual conmocionó a los conquistadores.

No apunté aquí: el viernes pasado se recalcó con severidad que el Primer Fraude sí fue cierto. Alguien corrigió: el Primero es, en realidad, el Segundo, y este el Tercero, que por fortuna no fue cierto. Vale la pena ordenar en la memoria los Fraudes. Por higiene moral y para el bienestar de las sobremesas.

Las desgracias del Sol en mi peto son otra historia que tendré que escribir.

Me cansa encontrarme con P. Su felicidad es como una angustia supersticiosa, colmada de amuletos. Trae ojos de venado y patas de conejo en su llavero. Los "hornos" prehispánicos no funcionaron: por culpa de "la ínfima calidad de la tierra actual", las paredes del horno se desmoronaron tan pronto encendió P. el fuego. Todos estos fracasos confirman sus certezas. De ahí que no se considere derrotado.

A cada filósofo podría corresponderle una novela. Mañana me ocupo de los ejemplos.

Jueves, 7 de marzo

P. me dejó un recado en la grabadora: va a quemar todos sus papeles en una hoguera en la noche, incluyendo la correspondencia de su padre y todo lo que le dejó en las cajas de cartón que aún no ha revisado.

Hoy parezco una tortuga lastimada, lo cual resulta absurdo, porque nunca he visto tortugas lastimadas.

Tohuenyo era el forastero desnudo y con miembro sobresaliente que llegó a interrumpir la vida de los antepasados de mi país en la zona de *Tulla*.

No me ocupé de los ejemplos de novelas o no supe inventarlos.

VIERNES, 8 DE MARZO

Comí con alguien sentencioso.

Está convencido de que su "generación" es extraordinaria. Se burla de mi nombre y me mira de reojo. Sabe de Stalin y de Lenin y sabe también que ninguna realidad los ha refutado definitivamente. Sus ojos se mueven por las superficies con suspicacia. Es discípulo de uno de los líderes de la poesía nacional y muy diestro en los menesteres de la versificación.

Anoche leí que los antepasados de mi país se "volvían en piedras" porque los engañaba Tezcatlipoca al mandar que bailaran en multitudes hasta empujarse y caer en el río. Y que fueron tantos los embustes de Tezcatlipoca que Quetzalcóatl acabó por irse de *Tulla*; quemó sus casas de plata y conchas y tomó camino hacia Tlapalla. En alguna pausa se dijo: "Ya estoy viejo". Delante de él iban músicos tañendo sus flautas. Se detuvo entonces Quetzalcóatl "y se asentó en una piedra y puso las manos en la piedra, y dexó las señales de las manos en la dicha piedra." Luego miró hacia *Tulla* y comenzó a llorar profusamente.

LUNES, 11 DE MARZO

El sábado se propusieron dos opciones para la teoría de la evolución en el caso de los toros: en una, no hay tal evolución, pues el toro sigue embistiendo el manto rojo del torero en vez de ignorarlo e irse para otro lado; en otra, el toro intuye que sólo podrá seguir existiendo si responde a los gritos del torero y se deja lastimar y finalmente matar para que su especie no se extinga. Las dos son pesimistas. Ninguna excluye la tortura.

Como dos pájaros en una jaula somos P. y yo. Brincamos de un lado al otro como si lo hubiéramos elegido. Nos encontramos velozmente a mitad de la jaula, batimos las alas y volvemos a nuestras perchas y desde ahí nos observamos.

Ya comenzó P. a revisar la correspondencia de su padre; la mayor parte de las cartas son escuetas, pero halló una a su madre donde le explica por qué la deja: "Eres impaciente e intolerante; como si fueras perfecta, me examinas y me criticas y me echas en cara la falta de dinero cuando tú no haces nada todo el día, salvo limpiar y limpiar lo limpio y luego preparar comida insípida sin grasa, y en la noche cuando apagamos la luz carraspeas todo el tiempo y te odio cada vez más, ya no quiero estar contigo; estás toda seca y enjuta". Me la leyó P. por teléfono con voz entrecortada. "Por fin entiendo", me dijo.

Descubrió que en una de las cajas de su padre hay unos cuadros pequeños, una serie que pintó en 1965, a sus cuarenta y nueve años, cuando P. tenía ocho. Por alguna razón que, supongo, irá inventando, los números le resultan significativos.

(Alguna vez me contó P. que se resbaló en la sangre de su padre.)

Ando a ciegas hoy a causa de las alucinaciones o e-pi-so-dios. Comenzaron en la noche y, por primera vez, las vi fuera de mi cabeza, encima de las latas de leche Carnation y la azucarera.

Martes, 12 de marzo

Dos gatos perdidos maúllan en el edificio.

Aprendí que el homenaje al padre es válido si las hipótesis acerca de la ausencia son tan complejas que le anteponen una imagen.

Me avisa P. que esta semana me traerá los cuadros de su padre. Tengo la sensación de que he olvidado lo que sabía. Los e-pi-so-dios me cubrieron con su cobija y cuesta trabajo distinguir entre la tela y el aire.

Los dioses de los antepasados de mi país eran "diablos mentirosos y engañadores", escribe Sahagún.

Vi fugazmente al poeta joven. Me comentó que por fin comprende lo que quiere hacer. La poesía debe avanzar a tropezones, me dijo, no suave o sutilmente; le di la razón; yo nunca he sabido qué debe hacer la poesía.

Cuando alguien comprende algo imagino un sentimiento ridículo, pero bien acotado.

En Ronda la hija del hijo tuvo su noche oscura por tomar sólo una cerveza y una copa de vino y no las diez o quince que acostumbraba. Se le ordenó que no bebiera más después de la cena: "y subimos a nuestra habitación y nos pusimos nuestras piyamas y apagamos la luz". La hija del hijo no durmió un instante pensando en la cerveza y el vino que le hacían falta. Fue una Ronda crucial por la belleza crítica de las nubes en su cabeza y en la cama donde pensó que sólo quería alcohol o algo que le permitiera concentrarse por fin en la belleza sin las nubes. Al día siguiente se cayó de la silla en el restaurante con su copa de vino.

En un cuento del señor López, la niña Teresita tomaba tanta Coca-Cola que se inflaba como globo y ascendía hasta ocupar un hoyo en el cielo. Esto enfrente de los niños que habían bebido agua de jamaica o tamarindo y hacían fila para pegarle a la piñata.

Era una historia con dibujos y moraleja. Teresita miraba a los niños desde el cielo con ansias de pegarle también ella a la piñata. Era *su* fiesta.

MIÉRCOLES, 13 DE MARZO

Los dos gatos ya se multiplicaron: vi cuatro anoche mientras los vecinos metían sus coches en el zaguán. Comienza a ser una historia policiaca; alguien tomará notas. Si a los cuatro gatos les sobra uno el fin de semana, alguien va a cometer un crimen que considerará necesario. Ese alguien será una señora; esa señora será la misma que recorta sus ficus en borlitas.

La silueta en la ventana es de mal agüero. Si trajera lluvia tendría cierto sentido: un mal para hacer el bien.

Los antepasados de mi país se inquietaban cuando se les aparecía un zorrillo: era Tezcatlipoca; si el "animalejo" expelía sus olores hediondos, declaraban que el dios nigromante "ha ventosiado". No debía escupirse ante el olor, pues el pelo se ponía cano de inmediato. A los niños les decían que apretaran sus labios para que no se les saliera una sola gota de saliva.

"Yendo andando" es igual a "viendo pensando". Una mente en blanco está llena o vacía, según la superstición. Oigo la palabra virgen como adjetivo desde la mañana; una persona la repitió el lunes: tal cosa virgen. No recuerdo la cosa. Pero virgen se inmiscuye como una muletilla cada vez que intento hacer memoria.

Según entendí, la "penúltima morada" del padre de P. fue un departamento diminuto en la Del Valle. Ahí se refugió del amor compasivo de su mujer y de la codicia de sus hijos (afirmaba el padre). Cuando murió, los hijos recogieron las pocas pertenencias: ropa vieja, utensilios de cocina, papeles, documentos y cajas, entre ellas, la famosa con los cuadros. P se llevó esa caja y apenas ahora decidió abrirla. Ha de ser para darle tema a su melancolía, que él tilda de "muy inquietante": es la melancolía del crédulo.

Me va a traer uno de los cuadros hoy en la noche. Se ha puesto muy sentimental con su hallazgo. Asegura que es "arte".

¿Se habrán tapado las narices los antepasados de mi país con la peste del zorrillo? Yo olí uno en la república de la revolución, donde también aprendí a identificar trincheras. El olor del zorrillo se convirtió en la sustancia del aire; me resigné a respirarlo durante varios días. Decidí interpretarlo como una experiencia más en mi archivo de las revoluciones. El día anterior a esa peste, uno de los comandantes estuvo horas sumergido en la alberca del hotel de lujo donde se quedaban los seguidores de la revolución; jugó voleibol con unas hermosas "yanquis". Me acuerdo precisamente por el olor. El comandante tuvo numerosas novias antes de esfumarse; era el más folclórico.

No sé quién es quién detrás de la reja negra. Una vecina barre las hojas; otra la espía desde su ventana. La vida mezquina en los barrios donde uno se convierte en delator potencial.

Puedo asegurar que el domingo vi a la cucaracha de K. en mi parque, pero eso ya sonaría surrealista e inaceptable. La vi aunque no era la de K.: una raya bermeja en el lomo la distinguía.

Me da pánico la sesión con P. y el cuadro de su padre. Me preocupa lo del arte: va a insistir P. en la fama póstuma; va a sacrificarse por esa fama. A todo el mundo le va a contar las anécdotas de su padre; no hay padre sin ellas. Será un padre genial al cabo de los meses.

Hoy hay más tiempo que ayer. Y es el día en que merodeo con el Id por las avenidas, con o sin bolsas.

El gato que sobra debería arañar a una de esas señoras que mutila árboles en las banquetas para que arrojen sombras "bonitas". El jardinero se esfuerza y admira su obra desde la mejor perspectiva.

La hija del hijo extraña aún a la *jolie rousse.* "Rían, rían de mí."

JUEVES, 14 DE MARZO

Fue un miércoles diferente a los anteriores, salvo por el final deambulatorio en el Eje 8. Un taxista me sugirió que cambiara de vida.

En mi país hay todo tipo de poetas para todo tipo de teorías. En las historias que se van escribiendo de los grupos, se exalta siempre el periodo de extrema rebeldía en que los poetas leían sus poemas en voz alta en salones y se emborrachaban e insultaban al poeta dominante en turno; por lo general, Octavio Paz.

El pleito sigue. Pero aun el más rebelde le rinde potestad a algún señor. Y el señor encamina vanguardias, organiza archivos, dicta órdenes. Y aun el más rebelde le da las gracias.

Según leí antier, resulta que provenimos todos de una misma ruptura. Apenas me entero.

Me pidió el doctor viejo que le hablara de mí. Le ofrecí algunos datos particulares. "No, eso no. Hábleme de lo que siente." De ahí que terminara yo en el Eje 8, trotando hacia Gabriel Mancera.

En homenaje a la hija del hijo releí *La jolie rousse* de Apollinaire:

Hay tantas cosas que no me atrevo a decir
Tantas cosas que ustedes no me dejarían decir
Tengan piedad de mí

One morning you could awaken, and all color has ceased to exist.

Se llama nieve allá con la amante de Wittgenstein; aquí, es mi cabeza sumergida en un cuenco de porcelana.

¿Lo que siento? Furia porque no llegó P. en la noche con el cuadro de su padre. Tuvo que participar en la presentación de un libro. Parece que cantaron los presentadores mientras el autor llevaba el ritmo con la mano.

Hoy me lo contó P. Puso en peligro su patrimonio, pues traía el cuadro en su morral y así anduvo durante todo el "evento".

Le pregunté sobre el cuadro y me hizo una descripción veloz: un señor encorvado, deforme y desnudo bajo una repisa; un matamoscas; un gusano o ciempiés muerto, y la efigie de un sacerdote. El señor tiene los ojos enrojecidos y saltones. A un lado se lee: "El acomplejinferiorado". P. me explicó que el cuadro simboliza la tiranía de la iglesia. Me va a dar una foto. Ya no volverá a sacar los cuadros de su casa.

Pienso en las hormigas de los antepasados de mi país. Cuando en sus casas "se criaban hormigas y había hormiguero dellas" sabían que habría persecución y que "los invidiosos y malívolos los echaban dentro de casa por malquerencia y por hacer mal a los moradores, deseándolos enfermedad o muerte o pobreza y desasosiego."

En mi civilización de seis personas no habrá agüeros. En unos cofres de hierro forjado se hallará el manifiesto de la civilización: seis artículos y un adenda. Se leerá una sola vez y se cumplirá al pie de la letra. El poeta de la década escribirá fragmentos para desenredar los enigmas que queden.

Yo es uno.

VIERNES, 15 DE MARZO

Ayer le dimos vuelta a la coladera como lo hacemos todos los jueves en que hay tiempo.

La angustia verdadera no son las influencias, sino las lecturas ajenas de lo propio; uno se concibe de cierto modo, pero de repente llega un lector, hace sus paquetitos y lo coloca a uno en el sitio contrario de las modestas aspiraciones con las que uno comenzó escribiendo.

Se complicó aún más la historia de mi corazón roto; me interesa cada vez menos la persona que lo rompió. Es un cariño que se anquilosa. En parte mi desencanto deriva del error de confundir poses con ideas, y de asumir el papel de líder de las juventudes. Habrá que aclarar la zona turbia, aunque quizá ya no signifique nada.

LUNES, 18 DE MARZO

El crítico me sugirió que sedujera al poderoso de *su* grupo. Ya me imagino la escena y me imagino también su fracaso.

El crítico delata a cualquiera que se atreve a llamar al gran poeta por su nombre de pila. El gran poeta es propiedad de *ese* grupo: lo cuidan y lo honran. De ahí que ahora los patriarcas y súbditos estén de regreso. Vienen los homenajes.

Se dijo que los muertos de este año han dejado de acumularse ideológicamente; su representante ya no les escribe los poemas de antes con sus nombres propios y sus escuetas historias. Son los muertos del país, no de ella que ya no los puede usar.

El problema del estilo, los íncipits y los datos culturales empieza a ser un hoyo negro. Por ahí se fugará lo que está vivo.

MARTES, 19 DE MARZO

Si no logro escribir lo que pienso, es seguramente porque no lo pienso. Quizá no quiera meterme en una polémica de mezquindades para atacar o defender lo que en el fondo no me importa tanto. Si mi propósito es la venganza, entonces no lograré inventar algo que valga la pena. De ahí mi molestia.

MIÉRCOLES, 20 DE MARZO

Una semana muy difícil para la cabeza que, por si fuera poco, tuvo a bien contemplarse en el espejo prístino de Mallarmé. La locura construida es uno de los artificios más desesperantes que pueda haber; valga la exageración.

La sombra y la arquitectura de las tinieblas que compone Mallarmé existen en las afueras del idioma, lo cual les permite deformarse sin que eso altere el resultado de su misterio.

JUEVES, 21 DE MARZO

Le pregunté a Muff por teléfono, y ni siquiera supo decirme qué tipo de caballo tenía. Sólo titubeó: "Era café… era negra… larga… flaca". Cambié de tema.

El podólogo se llama Maximiliano; su hijo, Crispín. En los años setenta del siglo pasado Maximiliano viajó a Cancún para participar en un congreso de podólogos. El diploma que obtuvo está colgado de la pared en su diminuto consultorio.

Crispín asistió a otro congreso, ya en los noventa, en el puerto de Veracruz. También cuelga su diploma de la pared y las fotos que se tomó con sus colegas podólogos junto a una alberca.

Crispín es más alegre que Maximiliano, cuyo perro predilecto se aventó de la azotea hace algunos años. Su esposa fue quien lo obligó a dejarlo allá arriba varios días cuando se fueron de vacaciones.

Las esposas de los hombres tristes nunca son tristes.

Me pregunta Maximiliano si he viajado. No sé contar de viajes.

VIERNES, 22 DE MARZO

A la mamá de la hija del hijo le hicieron una despedida sus compañeros de trabajo en un edificio de la Zona Rosa. Había una mesa plegable, botellas grandes de refresco, papas fritas y cacahuates en platitos de plástico. Uno de los gerentes pronunció un discurso y todos miraron a la mamá con lástima. Le dieron regalos y sobres con cartas. A partir de esa fiesta la mamá se fue muriendo.

Un jardinero locuaz me pone en peligro con la señora de la yedra y el globo rojo en el árbol muerto. No sé aún cómo ahorrarme la sensación de vecindad venenosa aunque adictiva.

En la noche tuve que escuchar música siria para resolver el asunto del silencio en medio de las horas sin lectura. Eso motivó el pequeño crimen en contra del ruido.

Lunes, 25 de marzo

Salimos todos a la calle para huir del gas que salía de las coladeras. Iba yo en piyama con mi gato en su canasta. Alguien vomitó encima de un arbusto, lo cual provocó manifestaciones solidarias con pañuelos y vasos de agua. Felicité a un policía y me miró con sorna. Todo el día quise contar mi anécdota.

Me dijo P. que ya no volverán los pájaros que vimos en la reja de la casa roja. Disfruta darme ese tipo de noticias.

Según él, habrá que esperar años para que se repita el fenómeno de la luna entre las ramas como una luz sacrificada. Le pregunto por qué son violentos sus símiles y se ríe. La sangre es un culto metafórico que comparte con los antepasados de mi país. Ya no ha mencionado los hornos.

Martes, 26 de marzo

Quedó pendiente una catástrofe en la parte de atrás de mi cabeza.

Hoy no hubo agua durante unos segundos, luego fluyó como si tuviera una misión inaplazable.

Leí que en Esparta se dividían los lotes cada tercer día. A los héroes les tocaban más metros. El fuego en los pastizales era celebratorio. Ninguna mujer podía pasar cerca de las flamas.

Dice la amante de Wittgenstein que no hay mujeres menstruando en la *Odisea* y que ella menstrúa con manchas muy ligeras en el calzón. No entiendo por qué me cuenta algo tan inútilmente íntimo. Algunas mujeres consideran que es valioso para su género hablar de la menstruación. A la amante siempre la tomó por sorpresa, camino a algún sitio sin baños. Se limpiaba con la mano y luego se olía los dedos: peste de hierro. Así de fácil.

Antes de morir la mamá de la hija del hijo fue a China y a la India. Trajo telas de vuelta, cascabeles para los tobillos, pero nunca contó nada.

El miedo podría establecer las pautas de un estilo. El caballo de Muff murió antes de llegar a la frontera. ¿Para qué rebuscar las causas? Murió calcinado.

Los cuadros del padre de P. volvieron a su caja. P. no quiere hablar del tema antes de esclarecer sus sentimientos a solas. Sabe analizarse como si fuera otra persona. Me cuenta que los cuadros esconden mensajes para él y sus hermanos y que debe aprender a descifrarlos.

Aún no sé a quién voy a apoyar.

Las parteras de los antepasados de mi país metían a la mujer parturienta en una tina de agua caliente y, si el bebé no salía, lo sacaban a pedazos con las manos. Si la parturienta moría, la convertían en una divinidad y los pobladores intentaban robársela para la buena suerte: un brazo, un dedo, un manojo de cabello.

Según los antepasados de mi país, un *métlatl* roto "era señal que la que molía había de morir, o alguno de la casa". Además, no debía lamerse la piedra del *métlatl* porque se caerían de inmediato los dientes y las muelas.

También aconsejaban que las mozas no comieran de pie pues nunca se casarían.

Las creencias acerca de los ratones son numerosas. Una dicta que si alguien se comía "lo que el ratón había roído, pan o queso u otra cosa, que le levantarían algún falso testimonio de hurto o de adulterio o de otra cosa".

Podría elaborar un glosario de mis supersticiones: sobre el sol, el optimismo, las escaleras, la calma, el entusiasmo, el silencio, la respiración, las cisternas.

Tengo un *métlatl* escondido en la alacena. Lo sacaré cuando termine esta época.

Le habla la hermana para contarle que es muy católica la señora que trae las cenizas de su marido en la urna y que las dejará en la cripta de una iglesia antigua.

Abandonaron la urna de la abuela sorda y ciega en una cripta; les cobraron cincuenta pesos por alojarla y les dieron un recibo.

Fuimos negligentes con nuestras cenizas. A las del mar les fue mejor que a las del flanco seco en un monte prehispánico.

El señor López tenía pasión por el mar. Alguna vez en Acapulco se le escapó entre las olas el hijo del parabrisas y él nadó desesperadamente hasta que logró jalarlo de un pie. Lo salvó por segunda vez. La tercera lo hizo con su muerte.

Miércoles, 28 de marzo

La polaca de la Alianza en París insistió en que la hija del hijo debía comer con ella y se la llevó en el RER a su departamento en la *banlieue*. Tomaron dos botellas de vino y, cuando llegó el marido de su trabajo, la polaca estaba borracha y llorando; besaba a la hija del hijo y le decía una y otra vez a su marido que la hija del hijo tenía ojos hermosos. A las diez de la noche la hija del hijo deambuló hacia la estación del RER. No volvió a encontrarse con la polaca.

Habré cruzado múltiples puentes a estas alturas sin haberme fijado nunca en la sombra de cada puente en el agua.

Me habló el poeta joven para quejarse de otros poetas jóvenes. Nadie está satisfecho con la distribución de los elogios. Me cuenta el poeta joven que otro grupo los está acusando de ser grupo y que, por eso mismo, él se quiere apartar una temporada, en la que hará prácticas de versificación.

A Arnaut Daniel sus contemporáneos no lo apreciaban por complicado. Se lo comento al poeta joven, pero no me escucha o lo hace ya con desinterés. Tiene a su maestro de las sextinas. Me señala que el tema es lo de menos en la poesía. Empieza a saber cosas.

Hoy quizá divague yo por avenidas con el tiempo de sobra que debo matar para que ocurra el que busco.

La sombra de los puentes en la memoria equivaldría a otra personalidad que delinea lo que vive. Como esa actriz dormida dentro de una vitrina en un museo, aunque sólo funciona si uno ya es muy famoso.

Me habló P. de las últimas notas que dejó su padre: listas del súper, pendientes con los hijos o la madre. Apenas podía escribir el padre por alguna desconexión entre su mano y su cerebro. Va a guardar esas notas P. para ir construyendo el archivo de su padre; por aquello de los cuadros y el arte y la exposición que quisiera promover en "algunas instituciones del país". Ya lo imagino a P. haciendo citas con funcionarios, con su portafolio de imágenes y su retórica apabullante. La voz grave suele ser más convincente que la aguda.

Tendré que seguir leyendo sobre Esparta, para que no me engañe con sus mentiras la amante de Wittgenstein.

Igitur es un joven insomne en un cuarto con cortinas espesas y una vela.

Jueves, 29 de marzo

En la película del submarino alemán, le ordenan al marinero más joven que se sumerja en un tanque de agua y cierre las válvulas del lanzatorpedos para que el submarino suba a la superficie y destruya el acorazado que los amenaza. El marinero lo hace y muere ahogado. Al final ganan los buenos y se dibuja contra el horizonte la barquita donde viajan los sobrevivientes. La belleza del crepúsculo mitiga la incomodidad patriotera. Me acordé del *Rivet Amber* y de los linajes que después no cuajan.

Ayer no deambulé con bolsas por ningún Eje. Estuve intentando sobreponerme a la música en un café; en realidad, tratando de probar mi inocencia, por si alguien la ponía en duda. Se habló de una culta primavera, de una mujer poeta cuya fama cunde en el extranjero a pesar del desprecio local, del suplicio, de los huevos de Pascua, de la paternidad y la ternura de los adolescentes. Escuché con cuidado y luego muy quieta absolví a mi conciencia.

El espejo de Igitur no refleja nada porque no hay luz; Igitur convierte la capa de sombras en una teoría sobre la Nada. Repetir *nada* a lo largo de muchas páginas crea un efecto extraño: no acumulativo, sino angustiante como una telaraña suspendida en un aire sin esquinas.

Sospecho que no puede escribirse sobre la trascendencia; es peor que inefable, a veces hasta anticuada.

Alguien limpia pisos en las afueras de mi cuarto y se cae la escoba justo cuando viene regresando el gato. ¿Será eso consecutivo o simultáneo?

Escribe Sahagún que los antepasados de mi país se referían al parto como la "hora de la muerte". El "ombligo" del niño lo enterraban donde podría haber batallas; el de la niña, junto a la casa, para que ella nunca saliera y se quedara moliendo y tejiendo.

El jardín de una vecina está lleno de flores y plantas de plástico; ayer las puso en orden con guantes de jardinería. Su rostro era de beatitud, como si comulgara con la naturaleza.

Abril

Lunes, 1 de abril

Era un ruso incapaz de olvidar y de leer porque lo veía todo en las letras. Se apellidaba Luria, como el místico judío, Isaac Luria, cuya hipótesis de la creación me sigue pareciendo la mejor: no se le puede añadir nada a la perfección y Dios es la perfección, entonces se sigue que, a fin de crear el mundo, Dios se encogió para que el mundo pudiera caber.

En el hueco nos puso a todos.

Igitur significa: en consecuencia, por lo tanto, por consiguiente y, también: digo yo.

Martes, 2 de abril

Hoy la cucaracha estaba muerta en un rincón de la planta baja.

Hubo un episodio en mi cabeza que duró apenas unos cuantos segundos: sin visiones pero con sudor frío y miedo.

Me llegó una advertencia por correo: "No abrirle las puertas a nadie".

Las cartas del amante de la niñera holandesa se referían a negocios pornográficos. Le pedía ayuda el amante a la niñera para conseguir adolescentes. El niño se enamoró del cuerpo de la niñera, de su voz, de su capacidad para imitar el gruñido de los perros y ponerse en cuatro patas como un caballo.

El poeta joven me confesó el viernes que lo que más desea es convertirse en un rapsoda ambulante, "al estilo de Jenófanes". Bien por él. Está leyendo a los presocráticos, lo cual en estas épocas funcionará como una especie de vanguardia.

En su poema, Parménides describe el viaje en carroza de alguien que sabe ver. Hay dos puertas que se abren: hacia la ruta de la noche y hacia la ruta del día. No se puede pensar en lo que no es.

Miércoles, 3 de abril

Ayer hubo pruebas de respiración. Soñé que una enfermera me hacía preguntas capciosas y me obligaba a firmar un documento con tinta morada.

Me habló P. alrededor de la una de la tarde: indignado con el arte conceptual. "¡No saben hablar de lo que hacen! Eso prueba que no saben lo que hacen." Estaba orgulloso de su deducción. Me contó que está leyendo un libro sobre los griegos (antiguos) y que ya descubrió que de ahí viene la confusión entre poeta y profeta. Se le pasará esta mala racha cultural a P. No le queda la alta cultura.

En la noche intenté pensar en los antepasados de mi país, en el conejo de la Luna y los dioses que lo arrojaron ahí: "diéronle con un conejo en la cara y quedóle… señalado en la cara. Y con esto le escurecieron la cara como con un cardenal". Fue para resolver la rivalidad con el Sol; cuando aparecieron, Luna y Sol en el cielo brillaban con una luz igual y a los dioses esto les resultó muy grave y resolvieron entonces lanzar el conejo. Gracias a ese acto conviven el Sol y la Luna.

Los antepasados de mi país debían sacar fuego nuevo cada cincuenta y dos años. Ponían un palo en el pecho de un cautivo y fabricaban la lumbre tallándolo con un palo más pequeño y delgado; cuando por fin salía la lumbre: "abrían las entrañas del cativo y sacaban el corazón, y arrojábanle en el fuego, atizándole con él. Y todo el cuerpo se acababa en el fuego".

La fábula del fuego es como mi fábula del aire, que se fuga cuando hablo en voz baja y no hay después manera de representarla sin morir en el intento.

JUEVES, 4 DE ABRIL

"Esto me lo hizo mi vocabulario", fueron las últimas palabras de Jack Spicer, que murió de borrachera continua a los cuarenta años.

La invención es enemiga de la poesía, le escribe Spicer en una carta a García Lorca. Nadie ha escrito un poema perfecto, cuyo vocabulario es "infinitamente pequeño". Lo cual no se advierte en los poemas de Spicer.

Estuve mirando pulmones toda la mañana, como una demente con el oxígeno. Hay un ganglio entre dos costillas. El corazón en la imagen es una sombra que se dibuja desvanecida. Con cada inhalación dije "uno". El dos no proviene de la causalidad, sino del error.

Antes se enamoraban durante las guerras los señores valientes. Los antepasados de mi país no tenían teorías o fábulas sobre el amor; sólo "cerimonias" para aplacar el miedo.

En la película de las palabras no hubo cautela con el título: *Las palabras*. A punto de mentir cuando se repiten.

Viernes, 5 de abril

Tendré que modificar el tramo espeso de las cortinas. Hay comentarios acerca de mi manierismo: una tela encima de otra para regular la penumbra.

Igitur ignora si dentro de su cabeza hay una conciencia; de eso no se trata: el cuento atañe al espejo en el cuarto vacío con el reloj pulsando en una esquina. Habría una trama de terror si no interviniera la retórica del azar y el juego de los dados.

El globo rojo se colocó en una línea visual paralela al tronco del árbol muerto.

Hoy la nostalgia hace trampas con la voz. El poeta joven me diría que lo sublime ya pasó de moda.

El caballero que soy le dio la razón en todo a la dama, salvo en aquel asunto estético de comer bocadillos en un supermercado. La honestidad de la dama se muestra tan ostentosa que acaba siendo superchería.

Igitur me vence sin siquiera invitarme a pelear.

Tengo que organizar los factores del miedo que empiezan a convertirse en personajes: el de la respiración se hundió en otro lodo, el del desamor no cree que existan pruebas y por lo tanto es invencible, el de la culpa se demora en las acusaciones y vive gracias a ese fervor. ¿Significa algo?

Lunes, 8 de abril

La amante de Wittgenstein ya no recuerda si oyó a Brahms en Bayona o en Burdeos. El nombre de su marido resurge cuando piensa en el hijo muerto. La amante y yo podríamos movernos juntas por el mapa de esos párrafos.

La capacidad pulmonar no se ve afectada por el tabaco, aunque en las noches el carraspeo sea tan constante como la respiración.

Hace varios años crucé tantos puentes a lo largo de una semana que dejé de percibir la altura y el agua que corría por debajo. Como si los puentes fueran la norma y lo demás una excepción. Suena a que sé algo hoy, pero no hay trasfondo, sólo temor a que se divulgue alguna noticia donde incurro en la banalidad.

Martes, 9 de abril

La luz distrajo a Spicer del camino recto que se abría entre los álamos, como en la carretera francesa donde se estrelló Camus.

Hubo ocho agüeros un poco antes de que llegaran los españoles a conquistar a los antepasados de mi país. En el séptimo unos cazadores atraparon a un ave del tamaño de una grulla, "la cual tenía en medio de la cabeza un espejo". Les pareció un milagro y se la llevaron a Moctezuma, quien miró el ave y el espejo redondo y muy pulido: "en él vio las estrellas del cielo... y espantóse desto, y apartó la vista, haciendo semblante de espantado. Y tornando a mirar el espejo... vio en él gente de a caballo, que venían todos juntos en gran tropel, todos armados". Moctezuma se espantó más y mandó llamar a los adivinos pero desapareció el ave y ya nadie supo decir nada. El octavo agüero fue que se hallaron en muchos sitios hombres con dos cabezas que luego también desaparecieron.

El poeta joven me aclaró el sábado que los otros poetas jóvenes no piensan en las mismas vanguardias que mi generación. Eso me dejó perpleja.

Miércoles, 10 de abril

El vecino le gritó a la vecina: "Nadie me chinga como tú".

Cuando me encontré con la vecina en las escaleras, llorosa, la cara enrojecida, me comentó que había más de una razón para morirse hoy.

Me quedé recostada en la penumbra una hora. Luego salí y caminé en línea recta hacia una avenida y conté los árboles durante tres cuadras. Hubo veinticuatro, a punto de secarse. A mi regreso me dije que a partir de mañana cambiaría los estados de ánimo por anécdotas. Al menos no anduve acarreando bolsas por las calles. Eso ya es un avance.

Jueves, 11 de abril

Despertó muy sobresaltado P. Me habló temprano; soñó que lo habían abducido y que en ese otro lugar el agua era aún más mojada y los amaneceres se enchuecaban antes de estabilizarse. Me dijo también que el idioma de los seres en ese lugar se hablaba hacia dentro. A P. le gustaría regresar. El viaje le dejó una marca en la muñeca. No quiere que esa marca se borre.

Una mujer soltó a su perro en una calzada, se montó a su coche y huyó. El perro se lanzó tras ella. Alguien filmó la escena y acusó a la mujer. En la foto el perro está junto al coche y la señora se pelea con la sombra de alguien fuera de foco.

Viernes, 12 de abril

El martes todas las señoritas hermosas que observé se convirtieron en una sola en mi recuerdo; pero no las veía yo, sino él. Al día siguiente los gritos de la vecina anularon el recuerdo que ya no se volvió a restituir.

Los antepasados de mi país despedazaban a los mancebos cuando aprendían mal el areíto. Había que estar listo para bailar en cualquier instante.

Tengo gente encimada en la cabeza. Mañana me voy a encadenar a un árbol para rescatar a los que se yerguen en una esquina.

Cuando los niños voltearon a la tortuga descubrieron que alguien había escrito un nombre en su panza: ALBERT.

Lunes, 15 de abril

Los árboles de la esquina no se van a talar. Sospecho que en ese lote vive el gato al que le doy de comer por las noches.

Mientras veía una película sobre clones y memorias sustituidas, me di cuenta de una sustitución que yo he cometido: el señor López en realidad es el señor Bermúdez. López se murió en 1989 y ya no figura en mis recuerdos. Iré cambiando el apellido.

En un sueño todos hablaban lituano. ¿Cómo sabían que era lituano? Alguien lo señaló en el sueño en inglés antes de pasar al otro idioma. El niño contó entonces de un sueño recurrente con una columna de humo morado que salía de una coladera.

En la novela de Pascal Quignard, *Villa Amalia*, la tragedia del personaje principal, la compositora Ann Hidden, que abandona toda su vida anterior −desde casas hasta ropa hasta pianos hasta su aspecto− se hace superficial por la abundancia del dinero. No por razones morales, sino porque la facilidad no pone en juego a la voluntad. La sucesión de oportunidades acaba anulando el interés. Prefiero a la amante de Wittgenstein. No sabe ni siquiera dónde vive.

Cuando comen él y ella los domingos, la formalidad se interpone como un tercero en discordia. Ella siente que lo aburre y que él tiene prisa.

MARTES, 16 DE ABRIL

Ante las molestias infligidas a los otros, él recomendó que se le aumentara la dosis del medicamento. Así ella no molestaría y volvería a parecer feliz.

Ann Hidden ya se compró una *villa* en Isquia y la está restaurando. Su amor por esa propiedad ya borró el que tenía por el hombre que abandonó en las afueras de París. Nada le resulta complicado a la Hidden; es adinerada y de repente hasta habla italiano con los campesinos, los carpinteros y los plomeros de Nápoles. Pertenece claramente al género "unión europea", sin aspereza alguna.

Una de las amigas del señor Bermúdez se llamaba Hope. Siempre traía puestos unos lentes oscuros. Pintaba y bebía. Por las noches, ya borracha, jugaba con sus seis gatos en la alfombra de la sala. Amanecía tirada con los seis gatos dormidos alrededor de ella y las manos arañadas.

Los limones de Spicer son como las naranjas en el jardín de la vecina: cáscaras difíciles de entender. Cuando se cruzan ante mis ojos imagino una revolución en la piel de la fruta que sólo menguaría con un resumen adecuado.

La amante de Wittgenstein se aburre con el béisbol. Hay ocho pelotas alineadas en la cornisa de la ventana. No sabe la amante quién las puso allí. También hay una podadora oxidada y varias escobas viejas. Sigue sin acordarse del nombre de su marido.

Debo cruzar varias fronteras hoy. Una flor se yergue junto a la ventana y las pistas de anoche ya se esfumaron. Soñé que un doctor me revisaba las piernas, preocupado por mi bienestar.

La voz no tiene sentido carraspeando cerca de la medianoche.

En Samarcanda organizó su ejército Tamerlán para pelear contra Murad o Mehmet II. Las dinastías se confunden lejos de las murallas o del agua circundante. En el próximo capítulo caerá Constantinopla.

Puse mi índice en la llama, emulando a los antepasados de mi país que perseguían el fuego por todas partes. Cuando los jóvenes guerreros atrapaban juntos a un cautivo, se repartían los pedazos del cuerpo para regresar al pueblo con alguna muestra de su valentía.

Tengo que cerrar los accesos. El poeta joven no me ha buscado.

Me asegura P. que la sensación de aislamiento dura poco si uno se toma la pastilla apenas comience. Para distraerlo le pregunté sobre los cuadros de su padre. Se quedó callado y luego peroró sobre las ofertas falsas en el tianguis de los lunes. Los antepasados de mi país comían *xitomatl* y *chilli*.

MIÉRCOLES, 17 DE ABRIL

Carraspeo hasta la una de la mañana luego de leer acerca de la luz en la bahía de Nápoles donde Ann Hidden ya tiene amoríos con un doctor que la salvó de la muerte. Según escribe, no hay luz más hermosa que aquella de la bahía de Nápoles.

¿Cómo serán los cielos homéricos? Habrá siempre guerreros por abajo o dioses interfiriendo a través de las nubes. Ayer vi un cielo distinto y trepado en una barda, como si espiara otra alternativa para suspenderse.

Cuando los mercaderes –*pochtecas*– de los antepasados de mi país decidían partir de sus casas para hacer negocios buscaban un signo favorable y, un día antes de su salida, "trasquilábanse las cabezas y xabonábanselas en sus casas para no se lavar las cabezas hasta la vuelta". Sólo podían lavarse el pescuezo durante el viaje.

La hija del hijo abortó tres veces. La primera fue con una doctora vienesa que le aseguró que estaba embarazada y le preguntó si quería solucionar su problema. No recuerda la hija del hijo dónde ocurrió, sólo que después fue a comer tortas con su novio en una lonchería cerca de Insurgentes. Al día siguiente se emborrachó en su recámara y lloró "por la humanidad", presume ella. La segunda fue tan barroca que pareció una puesta en escena de algún dramaturgo obsesionado con los sentimientos menos explicables. La tercera fue espontánea, en un baño del Palacio de Hierro. Un gran alivio para las entrañas que amenazaban con coagularse en pura psicología o añoranza.

La amante de Wittgenstein se fijó bien en el cuadro y vio que no había una persona, sino una sombra. O un espacio para una persona que nunca se pintó o un matiz en la cortina que se asemeja a una figura. Podría especular *ad infinitum* pero prefiere pasar al tema de la bicicleta oxidada en un rincón de la Acrópolis. Lo cual la hace recordar la bicicleta que dejó en una gasolinera para regresarse caminando a su cabaña con botes de queroseno para los quinqués. Ya no los usa por el incendio que provocó en su cabaña original. Tampoco está segura de que eso sea cierto. ¿Cómo demuestra uno que hubo ayer?

Dante fue el primer escritor de ciencia ficción, de acuerdo con Spicer. Alguien acabará subsistiendo en ese "bosque oscuro entre la gracia y el odio". Con bocados de pasto y tierra, o comiendo ratas desolladas como la señora en el periódico.

Tengo que aprender a respirar.

Está a punto de caer Constantinopla. Mehmet II engañó a sus aliados y traicionó el pacto que había establecido con el emperador de Bizancio. En las orillas del Bósforo construyó una fortaleza y así controló la navegación antes de lanzarse a la conquista. Su eunuco fue su principal consejero.

La vecina de arriba acusó a las dos vecinas de al lado de "putas". Traen a sus clientes alrededor de las cuatro de la mañana y jadean hasta las ocho con la ventana abierta. Mandó un fax a la delegación. Ayer (el improbable ayer) aparecieron cinco miembros de la delegación muy desafiantes. No dijeron la palabra *putas* pero hicieron muecas y miraron el piso.

Son de gasa roja las cortinas de las dizque "putas". Me dice P. que a él le gustaría oír los jadeos. Nos asomamos por el pasillo. Sólo hay brisa en los pliegues de las cortinas.

La luz encima del Bósforo habrá sido hermosa. O lo es todavía. La vi, pero no tengo una imagen clara. Tengo que establecer antes los lugares donde me ha parecido fea la luz.

Hace semanas que no la menciono a Ella ni le doy vueltas al problema del estilo.

En Jungapeo se iluminaba la casa con quinqués. ¿Ya lo dije?

JUEVES, 18 DE ABRIL

Atropellaron al gato gris anoche. Me lo anunció la señora de los perros que recoge cadáveres pequeños y los entierra en el parque. Al gato gris lo vi una sola vez, frente al zaguán, debajo de un carro. La señora de los perros me dijo que iba a pedirle información al portero-policía que siempre está en la banqueta fumando.

La amante de Wittgenstein cree que dibujó mensajes en la arena con su palo, a veces hasta en griego, aunque luego admitió que no sabe griego y que inventó las letras. La visitó Rauschenberg en su departamento en Soho hace años; después ella anduvo por el Coliseo donde acarició a una gata y la llamó *Calpurnia*.

¿Cómo se hace eso? Ir brincando de un sitio a otro con las palabras exactas que se enfilan como navajas posteriores.

Pierre Michon corrió a comprar libros cuando descubrió que su madre estaba a punto de morir en el hospital: uno sobre mapas, otro de Foucault y un sobre Booz. Los puso a los pies de la madre ya muerta.

Las reflexiones acerca de la poesía son exaltadas; al final Michon se pregunta para qué sirven los poetas y en el párrafo siguiente, ejemplificando la confusión, narra un viaje con arqueólogos a Etiopía. Una joven etíope, desdentada, lo alcanza en algún prado y le ofrece todo lo que tiene a cambio de que él viva con ella. Michon le da dinero.

Fue entonces cuando sonó el timbre con la señora de los perros.

Da Vinci compró numerosas jaulas con pájaros en Florencia y liberó a los pájaros pues ya eran suyos. Un pajarero en un tianguis me lo propuso cuando me quejé del destino lamentable de los pájaros que traía en jaulas encimadas: "Cómprelos y suéltelos". Me fui hacia las frutas y ya no lo volteé a ver.

Anduve con bolsas por las calles ayer, pero al menos eran bolsas llenas.

No recuerdo por qué debe obsesionarme el asunto del estilo. Cuando lo hay se hunde lo demás bajo su peso. Michon posee un estilo tan avasallador que uno le pierde la pista a los motivos.

Antes yo escribía poemas; me cuesta creerlo.

El poeta joven sigue sin comunicarse; quizá lo vea mañana. Sé que ahora se discute en los foros sobre la honestidad y la transparencia de los jurados, y que las damas con las que me porto caballerosamente firman con fervor los comunicados que exigen comportamientos éticos.

Respiré bien anoche, con lentitud y haciendo caso omiso de mi garganta. Espero poder repetirlo hoy en la cama; se mueve como una conciencia esa respiración lenta, lo cual me puede inhibir.

La amante de Wittgenstein piensa en gatos que son manchas o lagunas; como las monedas de oro que pintaban los discípulos de Rembrandt en el piso de su taller: eran tan exactas que Rembrandt siempre intentaba recogerlas. En la cabeza de la amante de Wittgenstein se observan los contornos de los gatos y ella trata de atraparlos, pero se queda la cabeza vacía o con sombras.

A P. lo asustan mis silencios en el teléfono. "¿Qué estás pensando, por qué no dices nada?" Me gusta intimidarlo. Seré implacable mientras no retome el tema de los cuadros de su padre.

No debo hacerme amiga de la señora de los perros. Apenas cómplice. Va a acabar repartiendo los cadáveres como premios. Si ya logré llenar las bolsas, no puedo salir con gatos mutilados para que algún jardinero en el parque me ayude a sepultarlos.

Rauschenberg borró el dibujo de De Kooning en 1953; la inscripción se la encargó a Jasper Johns.

El dibujo de veras está borrado.

Viernes, 19 de abril

En una fiesta en honor a Denise Levertov en 1958, Spicer recitó el poema "For Joe", uno de cuyos versos dice: "el órgano genital femenino es horrendo". Levertov se ofendió: en esa fiesta ella era la principal representante del órgano genital femenino.

El famoso Joe del poema prefería a las mujeres.

A Spicer lo encontraron inconsciente en el elevador de su edificio en julio de 1965.

Ann Hidden conoce a Julia en Isquia y ambas se acarician las caras y al cabo se convierten en amantes porque pueden y andan ya casi desnudas por la isla y es fácil tocarse.

Resulta que la Hidden es un genio de la música y que su padre era un judío rumano, lo cual tendrá alguna importancia al final de este relato sumamente trivial.

Cuando regresaban los mercaderes de los antepasados de mi país a sus pueblos, esperaban a que fuera de noche para entrar del todo y que hubiera un signo próspero: *ce calli*, "una casa". "Y llegando el signo que era próspero, o cerca dél, partían de priesa para venir a sus casas… Y no entraban de día, sino de noche y en canoa…" Se hacían luego ceremonias de bienvenida frente a los habitantes del pueblo. Moctezuma los consideraba casi divinos a los *pochtecas*.

No sé con quién me toparé ahora que salga. La primera cara siempre me toma por sorpresa; después me acostumbro a que abunden las caras y me enfilo por una calle.

LUNES, 22 DE ABRIL

Camino al parque el señor le dijo que ya había perdido media hora de su vida.

Saliendo del parque le aclaró que aceptaría dialogar sólo si ella se plegaba a sus condiciones.

Ni siquiera se detuvieron a buscar gatos en la rotonda ni a hojear revistas en la tienda.

Según el señor, la actitud de él era una prueba irrefutable de su amor. Así se lo aseguró a ella y le exigió que aceptara sus términos. Lo repitió por la noche en la cama y con la luz apagada. Al día siguiente continuó con los preparativos de su viaje.

Regresando a lo que ambos llamaban "hogar", ella se recostó en el sillón viejo con su gato encima. Pensó en los años por venir, en el amor como una condición y en la música.

El suicidio de Rothko no se asemeja al que ella vislumbra para uno de sus personajes predilectos. Rothko se cortó a la altura de los codos. Traía puesta una camiseta y calcetines negros. La navaja cubierta de sangre y un pañuelo estaban encima de uno de los anaqueles.

El suicidio que ella vislumbra para el personaje tendrá dos partes: en la primera, deberá ingerir una cantidad suficiente de tranquilizantes que lo apacigüen pero no lo incapaciten para llevar a cabo la segunda parte, definitiva, en la que se cortará verticalmente las muñecas en la regadera de arriba. Esto ocurrirá un miércoles.

MARTES, 23 DE ABRIL

El señor amaneció alegre. Lo llena de emoción la perspectiva de su viaje. Además, lo serenó verla a ella más tranquila.

A la hija del hijo siempre le gustó decir NO cuando ya había dicho sí. Llegó a la isla alrededor de las dos de la tarde. La esperaba una organizadora con el gafete y la carpeta que le correspondían como invitada especial.

La llevaron a su hotel. Tres poetas debajo de una palapa bebían las aguas típicas de la isla.

En el cuarto había un platón de frutas y una botellita de licor. Desempacó tal como se lo había enseñado el señor hace años. Notó que le sobraba tiempo antes de la lectura. Salió al patio del hotel y vio que el mar podía atisbarse desde una esquina. Decidió que era fundamental estar mirando el mar de reojo y arrimó una silla a la esquina. Estuvo ahí una hora con cuarenta y cinco minutos. Regresó al cuarto, se tiró en la cama y contempló el cielorraso durante veinte minutos; se paró al baño y comenzó a arreglarse. Faltaba una hora para la cita en el *lobby*; pensó que podría hacer tiempo otra vez en el patio o ir hacia la calle con algún pretexto. Metió su cuaderno de poemas en la bolsa. En el patio ya no podía verse el mar porque la bruma lo tapaba. Se dirigió al *lobby*. No había nadie. Se asomó a la calle. Eran las seis y media. Los organizadores recogerían a los poetas a las siete.

Se acomodó en un sofá y se puso a hojear una revista. Los poetas empezaron a aparecer: un tunesino, una japonesa, un liberiano. A las siete en punto ya estaban todos reunidos en el *lobby*.

En el auditorio la hija del hijo leyó un poema largo y complicado.

Lo que pasó después no lo ha escrito todavía. Sin duda fue lo que se denomina un "parte aguas". El señor la regañó por su falta de arrojo y sus lamentaciones. Lo único que logró transcribir la hija del hijo es que la palapa quedó destruida después del incidente. Pura paja y hojas despedazadas.

En mi libro de historia leí sobre Urbano, húngaro experto en fabricar balas de cañón. Visitó primero al emperador de Constantinopla para venderle sus servicios. El emperador le respondió que no podía pagarle. Urbano se fue entonces con Mehmet II que le ofreció el triple de lo que pedía. Fabricó entonces la bala de cañón más grande que se había hecho hasta esa fecha. Numerosos bueyes llevaron el cañón con su bala frente a las murallas de Constantinopla. Los habitantes se solidarizaron con el emperador que consiguió reunir un ejército de menos de siete mil hombres para enfrentarse al turco de ochenta mil soldados. Era casi la víspera de la caída, abril de 1453.

Lo malo del suicidio es la muerte.

Alguien señaló el sábado que ella era experta en San Juan de la Cruz. Por cierto: ella no es Ella.

Me confesó la hija del hijo que estaba meticulosamente herida. Por lo que pude entrever, no era una exageración.

Estoy segura de que un clavo no saca otro clavo ni otro ni otro. Los clavos se quedan para siempre. Y también la afición por los clavos.

El personaje predilecto tendrá que elegir el miércoles adecuado para el suicidio que ella le propuso. Una vez que comience no podrá echarse para atrás. Firmó el contrato y así quedó establecido. No habrá suicidios múltiples o ejemplares.

El señor tiene que entender que las condiciones del amor son tan exigentes que sólo pueden cumplirse con una muerte del mismo tamaño. Sin demasiado dramatismo. Limpiando sangre se aprende mucho de la sangre.

Un poema de la isla.

Un poema de la palapa en la isla.

Un poema de las sombras diluidas bajo la palapa en la isla.

Un poema de las voces que les reclamaron a las sombras diluidas bajo la palapa en la isla.

Y así hasta que el señor le dé permiso de ya no cumplir con las condiciones. Me envió un mensaje el joven poeta: lo llamaron para invitarlo a un homenaje la próxima semana. Cada poeta debe hacer un versión libérrima de algún fragmento de las *Metamorfosis* de Ovidio (sin que sea necesario saber latín, por supuesto).

Me comentó que el suicidio le parece un acto de cobardía.

Ella no ha resuelto el asunto de la sangre y de las toallas; ni si debe dejar que corra el agua mientras se va muriendo el personaje predilecto.

Todo esto va a ser verdad.

MIÉRCOLES, 24 DE ABRIL

Debería de estar en un avión y no aquí, tratando de respirar correctamente en mi silla.

Los mercaderes de los antepasados de mi país comían *nanácatl* ("hunquillos negros", escribe Sahagún) antes del alba en los banquetes que ofrecían a la vuelta de sus peregrinajes. Los comían con miel. Bailaban y cantaban y algunos lloraban o se quedaban inmóviles y pensativos. "Y algunos vían en visión que se murían... Otros vían en visión que los comía alguna bestia fiera... Otros vían en visión que habían de adulterar y les habían de hacer tortilla la cabeza por este caso." Cuando se pasaba el efecto de los hongos, hablaban entre sí acerca de sus visiones y de cómo remediar el destino. Al final del banquete enterraban las sobras del festejo frente a la casa. Era mala señal que no hubiera sobras.

Lo que sucedió bajo la palapa fue un pleito de la hija del hijo con un poeta de la isla que la acusó de enemiga del pueblo. Gritó el poeta que ella no decía lo que pensaba de veras y no se indignaba lo suficiente y que los poemas que había leído eran tergiversaciones de metáforas tradicionales, mentiras simbolistas para escudarse. La hija del hijo le echó encima su agua de maracuyá, se puso de pie y sacudió la mesa como en un temblor concentrado. Se cayó todo al piso y la hija del hijo huyó a su cuarto.

El señor la regañó por su falta de control y le repitió que debía aprender a fingir.

La amante de Wittgenstein firmó su imagen en el espejo del baño de la Galería Borghese en Roma con un lápiz labial. Puso "Giotto", en vez de su propio nombre. "Una travesura sumamente culta", le dije. "Pero yo soy Ella", me aclaró, "eso lo sabes bien. Soy Ella".

Debería de estar sobrevolando alguna zona del continente americano. Tal vez Panamá. Nunca sabré si mi respiración habría funcionado mejor en el avión que aquí en mi silla.

No olvidar el dato: furioso Mehmet II en su caballo vadea en las aguas del Cuerno de Oro y fustiga a los marineros que batallan inútilmente con los barcos de los cristianos. Esa furia es patrimonio de la humanidad.

Puede ser una de las lecciones de hoy.

Leí ayer que Dalí se le echó encima a Cornell en Nueva York por haberle robado una idea.

Mañana daré más detalles.

El personaje predilecto se ha escondido. No será un miércoles propicio.

Jueves, 25 de abril

No salió como hubiera querido. "Tu país no es normal… Deja mucho a la interpretación; sigue habiendo más versiones que realidad."

Lo dijo el amigo de antes, ahora extranjero, en un piano-bar de Reforma.

Pero no salió.

En Oaxaca trituraron vivo a un perro tres empleados del servicio público. En una trituradora para basura. Se están riendo los empleados en la foto mientras acomodan al perro.

Se podría llamar barbarie con cuadrúpedo simple. Tendría que convertirse en una pieza interactiva de algún museo.

Sospecho que no soy ni seré jamás suficientemente conceptual.

En el taxi de ayer nos perdimos a la altura de la glorieta de Colón. El taxista farfullaba números.

Habría tiempo de incinerar el cuerpo, meterlo en su urna, viajar a París, depositar las cenizas en el Sena y proseguir con el resto del itinerario.

Parecería la construcción de un obstáculo, y no debe ser así. No puede asemejarse a un último argumento.

Lástima que hoy no me tocará dialogar con la amante de Wittgenstein. Ella sí sabe cómo transcurrir.

Se me estaba olvidando: Dalí atacó a Cornell durante la exhibición de una película de Cornell sobre un jeque y una damisela inglesa. Dalí ya había pensado en hacer un película similar, aunque nunca se lo había mencionado a nadie: "Es como si me hubiera robado la idea". Gala tuvo que intervenir para liberar a Cornell.

Resurgió el personaje predilecto: muy listo para lo que viene.

Mañana me voy a reunir con P. Me quiere enseñar su testamento.

VIERNES, 26 DE ABRIL

Me di cuenta de que no he mencionado a Muff ni a la vecina y el árbol muerto con el globo rojo ni al señor Bermúdez ni a mi civilización de seis personas.

Es un día de hoyos negros.

La entrevista que le hicieron a una mujer muy lastimada:

—¿Cómo se siente?

—Déjeme pensar. ¿Ha visto la osamenta de un animal muy pequeño, las costillas apenas sostenidas, quizás una rota?

—¿Como una víctima?

—No: una osamenta.

—¿Qué contempla para el futuro?

—Uno lejano, para empezar. Tal vez sea el momento de irme. Precisamente por la compasión…

—¿Por qué canceló esta semana?

—Para estar aquí en vez de estar allá pensando en estar aquí.

—¿Fue un error?

—No… Sólo una confirmación.

LUNES, 29 DE ABRIL

Hoy se fue. El síndrome de la ausencia es el de alguien que no voltea cuando se va.

MARTES, 30 DE ABRIL

Estuve en el hospital del sábado al domingo. La almohada fue una corona lívida alrededor de mi cabeza, me dijeron los testigos. Se hizo una fiesta en el cuarto, con cervezas y refrescos.

Luego el domingo en un restaurante pregunté cien veces: "¿Qué hora es?" Terminé en mi cama y al final metida en mi cabeza.

El diagnóstico fue: padecimiento epiléptico criptogénico.

Alguien con mucho pelo le puso ese nombre. Desde entonces me fijo en los peinados, hacia arriba o hacia abajo.

Mayo

Miércoles, 1 de mayo

Extrañamente, construyo la memoria conforme se borra. Aunque ya lo había hecho antes. Entonces en realidad (palabra torpe y falsa en mis manos) me repito. Lo cual es peor.

Se sigue rompiendo la osamenta. Pero ya no hay mujer encima: es una situación prehispánica.

Jueves, 2 de mayo

Dejé de acordarme: puntualmente.

La izquierda es la derecha, no en términos figurativos o políticos, sólo manuales. No sé de qué lado sentarme.

Viernes, 3 de mayo

Lo ignoro todavía, pero mañana examinaré coordenadas. Habrá capas históricas y, entre una y otra, pedazos de vida.

Vi una silueta en las escaleras o vi la luz tradicional o vi su excepción.

LUNES, 6 DE MAYO

Acabo de darme cuenta: el pasado se convirtió en el futuro.

Empiezo a sonar como una revista de astrología. Debo ser cautelosa.

"On Margate Sands I can connect nothing with nothing", cité el viernes.

El problema del estilo se resolvió el sábado 27 de abril: nunca imaginé que la solución sería así.

Creo que algo se movió en las escaleras antes de que yo me cayera junto al toallero. Exclamé: "¡Mira, mira!" Según mi único testigo, era algo grato a la vista. Qué lástima olvidar eso y no lo demás.

MARTES, 7 DE MAYO

Me sigue faltando un día: ¿dónde lo puse?

A las dos de la mañana del sábado me desperté y prendí la luz y bajé las escaleras y me dirigí a la cocina para tomarme una pastilla que había olvidado, pero no era cierto. Subí contrita, repitiendo mi nombre y mi edad.

Tengo que buscar a P. para contarle lo que pasó y recordarle quién es quién en esta historia policiaca.

Miércoles, 8 de mayo

La enfermedad del señor Bermúdez consistía en quedarse con la propiedad ajena. Habrá que diagnosticar la patología. La conclusión es prístina.

El vecino le comunicó a la vecina que seguramente a ella le convenía lo de él: un techo y el tiempo libre para hacer lo que a ella se le antojaba. Otra razón para morirse.

Le he perdido la pista a Constantinopla, a los antepasados de mi país y a la amante de Wittgenstein.

A P. le otorgaron una medalla conmemorativa. Mañana me dará los detalles de su viaje. Visitó un cementerio con pocas tumbas y numerosos árboles.

Cuatro horas con alambres en la cabeza y vigilada en una pantalla por una señora que se pone tubos en el cabello todas las mañanas.

Tal será mi experiencia de hoy.

¿No habré comido *nanácatl* sin fijarme?

No he mencionado a la hija del hijo. Será en unos días.

Jueves, 9 de mayo

Un naufragio esconde otro naufragio.

Las proas son lunáticas cuando se atoran en el aire con imágenes.

Se marea el agua con la ciudad seca que alguien puso entre las palabras de un señor con mochila que vende encendedores.

Ritmo que brinca o que salta. Algo así.

Eso me escribió el joven poeta por piedad, creo. Está preocupado.

Son veinticuatro muertos hasta ahora después de la explosión y del fuego en la carretera con niños.

VIERNES, 10 DE MAYO

Me dieron a mí o a ella una sustancia radioactiva en una cápsula. Cerraron la puerta. Nunca dudé: ¿dónde estoy? Buena señal.

Dentro de la máquina soñé con un nombre propio que se desarmaba en forma de una escalera: la figura perfecta de mi corazón geométrico.

En la noche la hija del hijo se volvió a romper junto a la cama. "¡Tranquilizintos, tranquilizintos!", había gritado aquel sábado; los dos cuidadores celebraron su ingenio para distraerla.

Luego se despertó a las tres de la mañana y preguntó si alguien había llorado; todos le respondieron que no.

LUNES, 13 DE MAYO

De los antepasados de mi país sólo he soñado últimamente. Estuve a punto de enterarme del cuarto banquete de los mercaderes en que ya no sólo comían tamales, sino que mataban esclavos. Antes de hacerlo, llevaban a los esclavos al templo de "Huitzilopuchtli, adonde los daban a beber un brebaje que se llamaba *teuuctli*". Ahí me detuve; un poco antes de los genitales calientes y la caja de zapatos.

Los esclavos iban borrachos como si hubieran bebido *pulcre*. Luego los ponían a cantar y bailar toda la noche.

El sábado se entrecruzaron los naufragios por fin aunque irresueltos en algún sitio de la casa. Creo que me agarré de un mástil.

Aún no hablo con P. acerca de su viaje ni de su medalla.

MARTES, 14 DE MAYO

Esa rama que vio en la demencia vascular era un alambre fronterizo entre dos idiomas.

No vienen los gatos desde el viernes.

Que tiene que aprender a perdonar, le sugirieron a P. sus compañeros de viaje en el trayecto de tren, ignorando el paisaje que deseaba contemplar P. para poder describírmelo después.

(Viene chiflando y amenazante el plomero.)

Si uno perdona quizá deja de haber ironía.

No se sabe aún si ella o Ella es la que tuvo el asunto de la cabeza con la jaula. Hoy lo averiguarán los doctores.

MIÉRCOLES, 15 DE MAYO

Me acabo de enterar de que el caballo de Muff era una yegua.

Muff se hizo católica por la semejanza entre las heridas de Cristo y las de su yegua.

Eso le escribió a su madre, que se burló. "No puedes cambiar de religión por una simple bestia." El tema tenía que ver con el brillo de la sangre. Trató de explicárselo a su madre. "Tonterías", le respondió ella, "por eso te enfermas de la cabeza". El silencio de Muff fue continuo.

Un doctor me dijo: si tiene cuatro patas, ladra y es el mejor amigo del hombre, entonces es un perro aunque nadie lo vea. Pero yo sí lo veo, hasta sacudirse.

Más azul que el azul dentro del hoyo. El nuevo Gerión viejo de Anne Carson quiere ver focas y lo anuncia en la carretera.

Pronto tendré que despejar incertidumbres acerca de las identidades. En mi civilización de seis personas habrá siempre un lugar vacío. No será para el poeta de la década.

Estoy segura de que en junio retomaré la pista de Constantinopla, donde estuvo la amante de Wittgenstein merodeando como un gato por las calles después de perder su coche junto a Santa Sofía eruditamente.

Yo también perdí algo aunque más lejos en un baño al pie de una escalera.

Otro doctor me miró con cansancio: "Es Ella", le dije, "no yo".

JUEVES, 16 DE MAYO

Ayer tuve una epifanía en el Eje 8. Se despegaba la tela de la luz como si cambiara de piel en la curva exacta donde el tiempo en un taxi se iba calculando según los colores del semáforo; al final vi una cara en la mía mientras el taxista me preguntaba una y otra vez: "¿Allá, allá?"

Es como un poema inútil. Me bajé en la esquina.

Más tarde me encontré con P. muy confundido en el parque porque ya no se acordaba del nombre de los árboles en el cementerio. Le dije que por alguna extraña razón los árboles no toleran los nombres propios, pero dudo que eso funcione en el mundo de las causas objetivas.

Una mujer me habla de las secuelas. Lo que viene es horrible, me advierte. La vida nunca será igual. Entonces tendré que ponerme a tejer escudos de lana, por decirlo de algún modo, chambritas para cultivar la fe en los intersticios. Brincando de uno en otro, por si viene detrás alguien a quien nadie invitó. No debe pisarse el pasto, me advirtieron, no debe jugarse con la materia prima. Y lo hice, con las lesiones del caso.

En el cuarto banquete de los mercaderes de los antepasados de mi país, luego de emborrachar a los esclavos y ponerlos a bailar y cantar toda la noche, los colocaban delante del fuego en un petate. El señor del banquete se "ataviaba con una xaqueta que se llamaba *teuxicalli*". Los invitados también se ataviaban y al cabo extinguían el fuego y daban a oscuras a los esclavos cuatro bocados de sopa y después de que comían estos bocados "los sacaban los cabellos de la corona de la cabeza". No dormían en toda la noche los esclavos que iban a morir.

Quiero que venga Muff y me vuelva a contar la historia de su yegua. Sería una catarsis. Como oír de nuevo aquella leyenda de la señora en las Águilas que un día despertó con la certeza de que a su pobre y vieja gata le habían insertado un aparato para espiarla y vigilarla. Un día la señora no aguanto más y le clavó un cuchillo a su gata para revisarle las entrañas. Aunque no halló nada, al menos la consoló haber eliminado al emisario.

Se concluyó en una comida ayer que lo mejor es ir comprando propiedades. Ella pensó en los terrenos y las praderas y los ríos y los mares y las colinas, cada pedazo mutilando al otro como en un desfile de perros salvajes que se muerden las colas en un rancho de Topilejo donde aquella *cowgirl* de Minnesota se emborracha con algún policía que ni siquiera la va a manosear.

VIERNES, 17 DE MAYO

No mencioné que los cabellos arrancados de las cabezas de los esclavos los ponían en *xícaras*.

Al alba intentaban darles de comer a los esclavos pero estaban tristes y pensativos por su muerte cercana y sólo lloraban. Venía por ellos el mensajero de la muerte, Painalto. Luego de someterlos a numerosas pruebas, entre muchos los subían al *cu* de Huitzilopochtli y les sacaban el corazón y echaban los cuerpos por las escalinatas del templo y cada señor se llevaba su cadáver a casa. "Y en llegando los mismos, aderezaban el cuerpo que llamaban *tlaaltilli*. Y cocíanle. Primero cocían el maíz que habían de dar juntamente con la carne… Ningún *chilli* se mezclaba con la cocina ni con la carne."

Confesé más de la cuenta bajo la luz blanca. O fue Ella. Si juntamente el corazón se desvía hacia el acertijo entonces podré predicar de nuevo.

Me habló P. en la noche. Me pide que nos reunamos antes de que se le borren los detalles de su viaje; por ejemplo, las glicinas en las paredes de algunas granjas cerca de las ruinas de los castillos cátaros.

—¿Por ahí anduviste? —le pregunto.

—Muy cerca, muy cerca —me dijo con voz más baja.

Más tarde entendí que era un símil de la cultura con los fragmentos de piedra. A P. le gusta jugar con los contenidos y aventarlos al aire y ver cómo caen y burlarse de cómo los miro.

LUNES, 20 DE MAYO

A la hija del hijo le gritaron "¡Flaca, fea y jodida!" cuando subía por Barranca del Muerto después de emborracharse con una mujer que escribía poemas eróticos en los que sus muslos "ebúrneos" desempeñaban un papel estelar bajo las manos del amante que era dulce y cruel a un mismo tiempo; le lamía el clítoris y le susurraba palabras cochinas como "Puta, te cojo, así te gusta, que te la meta". La hija del hijo sorbía su vodka con vergüenza por ignorar los secretos de esa parte del cuerpo y la mujer le explicaba que debía aprender a conocerse y masturbarse sin miedo, tocarse, y la hija del hijo se imaginaba haciendo eso en su cama, con sus hermanos del otro lado de la puerta y los postes de luz y la calle y ella buscándose el clítoris y toda la vida por delante o algo así.

La hija del hijo o el hijo de la hija o las propiedades del cuerpo o las enfermedades del alma dentro de una sola persona tienden a envejecer y se convierten en manías que aburren.

Eso no debe ocurrir.

Dónde quedó la cabeza esta vez será el misterio que quizá resuelva la hija del hijo debajo del chorro de agua que en realidad es el cielo por el que irá volando el miércoles.

MARTES, 21 DE MAYO

Según Carson, el problema es la demasiada memoria.

Le mutiló las alas al pobre de Gerión en esta segunda parte; lo colocó en una estrecha columna al centro de la página y lo puso a volar con los murciélagos de la escarcha; le borró el trasfondo o la superficie narrativa; lo hizo trascendente e irónico; le otorgó la autoconciencia de ella; lo puso en una carretera inmóvil; lo hizo aburrido al pobre Gerión con sus alitas ya de adulto y su memoria intertextual.

Intenté retomar a Mehmet II y Constantinopla anoche pero la cronología se mezcló con las letras en bloques sólidos. En los muros del Cuerno de Oro los genoveses espiaban a los cristianos y a los turcos. Eso sí me quedó claro.

Murió la sobrina de alguien en Nicolás San Juan y la familia no tiene dinero para enterrarla. Me lo acaba de avisar una señora por el interfón.

Algo me detuvo en la calle. El atisbo de un señor. No fue el de ayer, por suerte.

Puede ser que estén talando árboles del otro lado de la cuadra en este barrio.

Miércoles, 22 de mayo

Las glicinas de P. son las que yo le propuse. Tendré que averiguar por qué las está incorporando en su experiencia. Si trata de apropiarse de lo que le cuento, mi cautela se convertirá en una obsesión. Lo iré vigilando.

La amante de Wittgenstein empieza a saber demasiadas cosas; temo que el mecanismo de su locura no logre mantenerse al mismo nivel de su amnesia erudita.

Una caja de Duchamp en la pradera sería un descubrimiento para la amante de Wittgenstein cualquier domingo aunque pensara que el mundo no crea objetos deliberadamente y sin autoría. También tendré que vigilarla.

No recuerda P. en qué momento comenzaron a fallar las alas. Primero crujieron, luego una se despegó y la nave se fue de lado. Los gritos lo pusieron a pensar en cómo el aire puede deshacer las voces y hasta eliminarlas. Por fortuna el piloto supo maniobrar y aterrizaron, y los pasajeros felicitaron muy aliviados al piloto mientras miraban el ala retorcida en ese campo abierto a las tres de la tarde.

"El viaje no debía iniciarse así", se dijo, y adentro vislumbré el malabarismo de las imágenes con su humo construido para que no hubiera remordimiento.

JUEVES, 23 DE MAYO

Según P. las líneas paralelas en la ciudad donde estuvo fueron un gran motivo de inspiración y le permitieron demorarse en el tema de la distancia y la rectitud. Los edificios eran altos como riscos. Yo le reclamé la banalidad de su analogía, pero P. no dio su brazo a torcer. Los riscos nunca son subjetivos, me aclaró.

Lo del ala fue un percance sin importancia. A los pasajeros les ofrecieron sándwiches y los transportaron en un autobús a la ciudad. P. anotó en su cuaderno que las aventuras son raras en su vida y que por fin le había tocado el bosquejo de una en el aire.

En la nieve extemporánea no se puede jugar. Toda la mañana cayeron copos pero no suficientes para que todo cambiara. Algunos turistas se resbalaron. P. se quedó en la cafetería del hotel.

VIERNES, 24 DE MAYO

En los cuadros del hotel donde estuvo P. había rosas de papel pegadas en cada esquina. Le comenté que eso me parecía surrealista y se ofendió. Hubo un silencio y luego carraspeos.

Le ofrecí una rápida disculpa. Me volvió a recordar cuánto odia el surrealismo.

Un mar de felpa en un museo con espejos clavados aquí y allá y tubos de cobre. O quizás era una mar de estopa. La diferencia es crucial por el fuego del principio y del final.

Hubo palabras en un lienzo blanco: "EN EL ARTE LA CONTINUIDAD LA DECIDE EL ESPECTADOR NO EL CREADOR". Y otras aún más fundamentales en la pared acerca del hoyo de una bala. Un concepto nunca mitiga el ansia ni el deseo de continuidad. El hoyo de la bala que no se ve porque sólo se escribe tiende a desaparecer cada vez que alguien lo interpreta; un texto en el ojo convertido en lienzo se esfuma al primer parpadeo (peor si rima).

Tal me contó P. solemnemente.

SÁBADO, 25 DE MAYO

La hija del hijo vuelve agitando una bandera en medio de un sueño que me contiene a mí. No es posible en términos racionales contenerme a mí en un sueño antes de que yo exista. Las identidades se resuelven en otra parte. La cara de Ella, por ejemplo, es recurrente pero nunca surge cuando la convoco.

El poeta joven me mandó un mensaje: debo leer un ensayo de Michon sobre Flaubert lo más pronto posible.

P. mencionó un piano de cola en un parque delante de una fuente. No me atreví a señalar que eso podía tildarse de surrealista.

Buscó a los dos halcones famosos en los árboles: Robert y Rosie, hijos putativos de Pip. Anotó en su cuaderno que el muchacho que tocaba el piano de cola tenía una expresión de profunda tristeza cultural.

Los modales de los escritores dejan mucho que desear, según P. "No conoces a ninguno", le reviro. "Pero los veo de lejos", me responde. Y me describe los gestos de la modestia.

Domingo, 26 de mayo

El asunto del amor reconcentrado en las memorias de Muff no pasa por los cuerpos perdidos. Siempre es una forma de nostalgia. Los huesos de su yegua son ceniza. Los toca con sus dedos cuando la extraña.

Una señora amable enciende la luz. Le sonrío. Otra señora me ofrece dulces. Todas son buenas conmigo. Me duermo.

El amor de la hija del hijo en las inmediaciones encierra un secreto acerca de la repetición como la fórmula ideal para que no se rompa el hechizo.

La gran enseñanza o condena de Flaubert —escribe Michon— fue tomarse muy a pecho la literatura, actuar como si no tuviera nada cuando en realidad lo tenía todo. Al joven poeta lo entusiasma esta paradoja.

P. discutió con un nuevo comunista en un puente con jardines colgantes. La vía armada es un motivo de dicha. Habrá transformaciones incalculables de la sociedad y, por si fuera poco, serán hermosas.

LUNES, 27 DE MAYO

No hay disputas en el aire. "Tanta belleza en el mundo", se recita P. a sí mismo mientras mira cómo flota la bolsa de plástico en la pantalla. El personaje aclara que es el último día de su vida y termina hundido en su sangre. Los pétalos en los pezones de una niña no fueron suficientes para borrarle su propia ambición de un rojo perfecto.

Que descubrió algo nuevo sobre el tiempo allá arriba, presume P. "¿Y la medalla?", le pregunto. Nada, nada. La echó al río una noche, bajo la nieve extemporánea e inútil. La medalla fue por su buen comportamiento en una feria, donde se paseó con suma elegancia por los pasillos, saludando a diestra y siniestra. Impecable.

MARTES, 28 DE MAYO

En un viaje de K. había un Cristo crucificado en la recepción del hotel. Le hizo una reverencia, por cortesía. La timidez lo obligaba a ser amigable con toda la gente con la que se iba encontrando. En su cuarto escribía por las tardes bajo una luz incómoda. No se atrevió a quejarse.

El señor Bermúdez se estuvo rascando el oído constantemente mientras leía la vida de Beethoven y al final se quedó sordo. La mímesis equivale a una catarsis. En esa sordera ficticia el señor Bermúdez escuchó el principio de un sonido que había imaginado y, de repente, supo que era artista.

Hoy la hija del hijo le comunicó a un amigo que el miedo disminuye conforme aumenta la costumbre de padecerlo. Un extraño equilibrio.

MIÉRCOLES, 29 DE MAYO

El hilo ensartado en la cabeza me permite no perderme en la calle. Las discrepancias han sido discretas. Camino del lado izquierdo de la calle para no toparme con el señor de las flores.

P. se coló en una visita guiada de un museo. Aprendió acerca de un cuadro cuyo nombre no recuerda: varias señoritas rosas y azules; máscaras españolas y máscaras africanas, el principio de la vanguardia y del cubismo. El cuadro se pintó a orillas del Sena. A P. lo emociona cualquier cosa que ocurre a orillas de un río. La exaltación mezclada con el agua tiende a durar el doble sin coagularse nunca; transcurre sin la dictadura de una tradición. Sólo Apollinaire entendió la superficie del cuadro.

Y P. aplaudió en honor a la *jolie rousse*.

En mi civilización de seis personas habrá una caja donde se colocarán fragmentos anónimos. Al derrumbarse la civilización, quedará la caja y el lugar vacío será como la amnesia erudita de la amante de Wittgenstein.

JUEVES, 30 DE MAYO

Hubo dos sectores ayer. En las afueras del Metro un viejo le echó en cara a su hija coja la lentitud. La hija lloraba. Subí las escaleras pensando en cómo me veía subiendo las escaleras, una muy primitiva autoconciencia.

En el sector de la basura se camina en círculos; en el de los jardines, en línea recta. No hay consecuencias en ninguno de los dos casos. Básicamente porque es mentira.

Ya me hartó P. con su viaje. Me quiere enseñar algunas fotos, algunas postales. Pospongo nuestra cita. Cambia el tema, le menciono los cuadros de su padre. Me cuelga. Mañana le hablo.

Acumula espirales Michon. Es un procedimiento. Para cuando uno se fija, la espiral ya se convirtió mágicamente en un nudo que sólo él puede desatar con su barroquismo. Trata con cierta condescendencia a Flaubert, como si el arte entero del *mot juste* se consolidara en esa vida pantuflera donde él, Michon, lo va sumergiendo.

VIERNES, 31 DE MAYO

La estela de un pensamiento en el ojo de una persona que no va a revelar el pensamiento: Gerión subraya esa frase en el libro de Proust. Los críticos acusan a Carson de *name-dropping*.

La fisura en el ojo es contagiosa. Empiezo a prestar atención. Dejan de pesarme las alas adultas y mutiladas de Gerión. Las adopto como mi disfraz de primavera.

Los oficios de los antepasados de mi país son objeto de un repaso minucioso de Sahagún: los que hacen buenas pelotas (cuyo sonido en el aire se asemeja al viento) y los que las hacen malas que no vuelan; los que hacen buenas *xícaras*, resistentes y con bellos dibujos, y los que las hacen malas y frágiles; los que tratan en candelas que duran y los que engañan con malas candelas.

Se demora Sahagún en el asunto moral del *tzictli*, que la mujer decente masca en privado, en su casa, y la otra, la pública, "sin vergüenza alguna ándala mascando en todas partes; en las calles, en el tiánguiz, sonando las dentelladas como castanetas".

(Yo masco el *tzictli* adentro y afuera.)

Nadie sedujo a nadie en la tarde.

Me enseñaron con ejemplos nítidos que sólo son soportables los imperios muertos; los cercanos y vivos tienden a ser vulgares y previsibles. Alguien ingenuo se atrevió a elogiar el más reciente y alguien, ducho en ideologías, se indignó ante tal conservadurismo apenas maquillado de inocencia. Noté miradas de inteligencia. Esa fue la gran pasión del día. Muy solapada.

Junio

Lunes, 3 de junio

No hay nadie cerca hoy.

Pensé que el señor Bermúdez habría puesto más cuidado en los asuntos de su testamento, pero optó por ignorarlos: consideró que esa sería la mejor venganza. El hecho es que no había bienes, con lo cual la venganza acabó siendo una abstracción, para rumiarla. Y los hijos rumiaron dentro de su hoyo con el fajo de papeles ya amarillento.

En una traducción reciente de Dante al inglés el mar se convierte en una alberca californiana. El propósito es que los universitarios capten su verdadero sentido. Por alguna razón la traductora presupone que el mar les costará trabajo; también la teología medieval; así que modifica las referencias: Mayakovsky, Freud, Eliot, Plath. Algo semejante hizo Carson en su *Antígona* al meter a Beckett y a Hegel.

En los episodios que me sucedieron al mediodía las escenas se mezclaron con los esfuerzos inmediatos de la memoria. Uno me ocurrió en el mercado, mientras compraba la fruta. Me pregunto si algo se me nota en la cara.

El nadie de hoy es un forma de decir que no estoy yo o que ya llegaron todos. Lástima de las puertas. Le dije al cerrajero que fijara bien la manija. Esta suelta y es muy fácil forzarla.

Los once levantados en el centro de la ciudad se hunden cada vez más. Ahora son doce. En mi país no se llega a conclusiones, sino a enigmas. Los preferimos.

MARTES, 4 DE JUNIO

Sahagún escribe lo siguiente en la sección sobre los vendedores de salitre: "El hueso cocido es piedra que se saca de las venas donde se hace".

Muy cerca de la sangre o del poema.

La amante de Wittgenstein se pierde en cuestiones semánticas. Por fin reconoce su ascendencia. El mundo es el caso (aunque alguien aclararía: el contexto). A ella le da vueltas en la cabeza la palabra *bricolage*, aunque no sabe nada de francés; a mí desde el sábado me da vueltas una frase trunca de Jim Morrison: *better than a bird man.* Algo sigue: ¿*wordman?* Sería muy obvio. Un pájaro en la cara en vez de cien en la mano.

En mi sueño tres personas desaprueban mi comportamiento frente a las autoridades. Se discute mi cordura en un restaurante. Las tres personas no lo pueden creer: tanto tiempo de conocerla y mírenla ahora, tirada y retorciéndose. Yo me río. Son personas a las que quiero en mi vigilia.

Sahagún se lamenta de los esfuerzos con los antepasados de mi país. Se derrocaron los cúes para "destirpar los ritos idolátricos", pero de noche secretamente se hacían ceremonias a la honra de los ídolos, borracheras y areítos. Los arrestaban y los azotaban y les enseñaban de nuevo la doctrina cristiana. Pero de noche algunos volvían a sus fiestas.

Los antepasados de mi país eran irremediablemente borrachos e idólatras: "pesados de regir y mal inclinados a deprender". Sólo entendían las leyes de antes, con los dioses de antes.

Si hay un solo dios, no deberían admitirse los presagios; eso se les puede dejar a las divinidades extirpadas: las supersticiones o profecías.

He retomado mi historia de Constantinopla. Hoy va a caer. Ya sólo es una ciudad amurallada. Los turcos afuera se preparan en silencio.

Tal reza mi caricatura de la historia. No puede caer el imperio si hay luna nueva, pero hubo luna llena el 24 de mayo y un eclipse y niebla espesa y el primer emperador fue Constantino y también se llamaría así el último, de acuerdo con los augurios.

A Mehmet II sus admiradores le construyeron un discurso a la medida de Tucídides, aunque en realidad, según sus detractores, fue torpe y menos elocuente.

La víspera nunca es mía.

MIÉRCOLES, 5 DE JUNIO

Sahagún hace listas y yo tomo algunas notas:

—Dos remedios comunes de los antepasados de mi país para curar múltiples males eran los orines fríos o calientes y las lagartijas molidas.

—El tartamudeo se debía a que los niños o niñas había mamado demasiado tiempo. "Para esto conviene los desteten y los hagan comer."

–A los primeros habitantes de mi país, los "tultecas", Sahagún los llama "troyanos".

La memoria pierde su brújula cuando se interna en la zona de las enumeraciones.

La hija del hijo decidió que perdería su virginidad en el rancho de Topilejo. A su novio y los dos amigos de su novio les aseguró que habría una gran fiesta en el rancho con mota y alcohol y muchos gringos *hippies*. Subieron en el coche por la carretera vieja a las diez de la noche, la hija del hijo muy arreglada en el asiento trasero con su novio, y los dos amigos adelante. La hija del hijo les daba indicaciones mientras el novio la fajaba y le besaba el cuello. Los dos amigos se reían en los asientos de adelante. Nunca encontraron la entrada del rancho y el novio se enojó y los dos amigos también y llevaron a la hija del hijo a su casa todavía virgen.

En Topilejo los caballos eran de raza; no como la yegua de Muff. Pero no simbolizaban nada. La *cowgirl* quería vendérselos a millonarios mexicanos. El caballerango que se encargaba de ellos los golpeaba cuando bebía de más. Era su secreto. Hasta que un día se le pasó la mano y le sacó un ojo a uno de los caballos y tuvo que confesarle todo a la *cowgirl*. Lloraron juntos en la noche.

Me urge hablar con el joven poeta sobre el miedo. Podrá apaciguarme acerca de las generaciones y las trincheras y luego regañarme dulcemente por haberme metido en medio del campo de batalla.

La amante de Wittgenstein está desmantelando su casa. No entiendo por qué lo relata tan minuciosamente.

Tiene, o tenía, diecisiete relojes. Se dio cuenta de que los había perdido cuando se despertó en un coche junto al Pont Neuf: varios de los relojes eran despertadores y ninguno sonó. Yo tengo cinco relojes, uno reciente, que sigue encerrado en su caja. Pronto lo voy a estrenar.

La amante de Wittgenstein señala que el Pont Neuf está prácticamente al lado del Louvre y que la afirmación contraria también sería cierta.

Uno podría dedicarse sólo a eso: el árbol muerto está junto a mi casa; mi casa está junto al árbol muerto.

Puras certezas. Salvo si uno desarma las frases. O las niega.

Hoy no circularé ni caminaré por el Eje 8.

JUEVES, 6 DE JUNIO

No hay mayor distracción bajo este sol que el miedo a la denuncia: "¡Ella fue, ella es la culpable!" Y yo encerrada en la patrulla despidiéndome de mis seres queridos con un pañuelo blanco que me habría prestado uno de los oficiales. A quien más tarde le pediría en mi celda unas hojas de papel para mis escritos desde la cárcel; mis cartas, a P., por ejemplo.

Querido P.:

Tengo la certeza de que soy inocente… etcétera.

Por favor comunícale a Ella mis deseos de una mejor época; a él mi conmoción ante esa ruta difícil… etcétera.

Salúdame a… etcétera.

Dale de comer a… etcétera.

Con profunda amistad,

Yo

Voy a recordar con insistencia a esa mamá que le preguntó a cada uno de sus cuatro hijos: "¿Y tú qué vas a hacer con tu vida?" Y pensar en lo que hice con la mía.

Al joven poeta tengo que confesarle que ayer mientras caminaba por la calle de Tonalá se me ocurrió el principio de un poema o, más bien, el espacio de un poema. Se burlará de mí. O me escuchará condescendiente; insistiré en lo del espacio, en el sitio limítrofe, en la coda; tal vez eso le resulte más atractivo. Y cambiaré de tema; le hablaré de los toltecas y troyanos de Sahagún, de las enumeraciones que hace de las tribus y los antepasados de mi país. El joven poeta muestra cierta nostalgia cuando le menciono el asunto de los cúes y los areítos, como si ahí se hubiera instalado momentáneamente un vínculo estrafalario entre la verdad y los hechos. La cronología le interesa cuando es excéntrica. De otro modo, le aburre.

Si el lóbulo temporal vuelve a rayarse no sé cómo voy a limpiarlo, quitando la aguja o con un trapo especial para pulir lóbulos.

Finge su locura Ulises a fin de no ir a la guerra; avienta granos de sal en los surcos que ara como un demente. Le ponen una trampa: esconden a su hijo, Telémaco, en uno de los surcos y Ulises de inmediato deja de arar por esa zona. Lo cuenta la amante de Wittgenstein y también que Tiepolo pintó un cuadro sobre el tema, y exclama la amante: "¡Las cosas que uno sabe!"

Que *ella* sabe en su amnesia. No recuerda si el cuadro está en el Hermitage; pero sí que incendió cuadros en el Louvre y que el marco de *La Gioconda* tenía un olor astringente.

En Brownsville murió atropellado por un conductor borracho el novio con el que finalmente pudo perder su virginidad la hija del hijo en la cama del hijo encima de una colcha roja.

VIERNES, 7 DE JUNIO

El mapa de las conspiraciones crece en la misma medida que el silencio.

Imagino los puntos trazados, las retículas, los atajos, los colores de las regiones inhóspitas. Me pongo en las afueras del mapa. Quizás actúe como habitante cuando llegue la hora de actuar. Haré el recuento aquí. Las nubes no van a cambiar los bordes de ningún cielo en esa zona donde me voy a cubrir la cabeza.

Un personaje de Carson es "un minotauro que se traga los laberintos de los otros".

Hay una mamá enferma en *Red Doc>* cuyos pulmones son piedras. Ella y su hijo levantan las piedras. Vuelvo a prestar atención. Colecciono mamás.

LUNES, 10 DE JUNIO

Un ruido tras otro el sábado en las ideas disparadas alrededor de una mesa durante siete horas. Si el argumento en contra del poema perfecto es su perfección y el argumento a favor del poema imperfecto es su imperfección, entonces el asunto se resuelve fácilmente: haciendo poemas imperfectos.

Qué alivio.

Hubo sinónimos para esa perfección insoportable: una catedral, un monumento, una arquitectura de vidrio, una voz pulida. Cada vez que se proferían yo cerraba los ojos y veía pelusas en mi pantalla. El resultado de las consignas suele ser el tedio o el hartazgo. Al cabo de mucha imperfección —la catedral chueca con la cruz desequilibrada, el monumento inclinado, la arquitectura de vidrio opaco, la voz áspera y tosca– uno tal vez pediría lo opuesto o algo en medio.

Alguien sagaz le dijo a ella que su libro es valioso y valiente. Ella se quedó perpleja por la carga moral de esos calificativos y pensó en el futuro, en la pastura, en la pradera, en la caja, en la civilización de seis personas con la silla sin nadie.

Las analogías que compone Carson en torno al tiempo sirven como recompensa para el lector a cambio de un Gerión venido a menos en su propia historia con la batiescarcha y las alas extendidas y el rebaño de oro. Carson incluye bolas de caca en su firmamento. Las esquivan las alas. ¿Por qué no?

MARTES, 11 DE JUNIO

No sé cómo se siente en la piel el agua de un manantial, a diferencia de la amante de Wittgenstein que se lava a cubetazos con esa agua. En la poesía abundan los manantiales. Y los surtidores. No los vasos de agua. Creo que hay sólo uno.

El sábado nos mofamos del célebre vaso de agua alrededor de la mesa; el surtidor tuvo mejor suerte. Por la plata de su forma tal vez. Por cómo se desordena cuando se lanza; imperfecto entonces, discontinuo, informe.

Los sábados pienso en los viernes. Pero los domingos no pienso en los sábados.

Con la niña siempre me mitigo. Es una niña que se besa con niños en las fiestas. Ya no quiere ser virgen.

Castigo a P. Hace días que no le hablo.

A P. lo imagino sacando de la caja los cuadros de su padre, colocándolos en fila y tomando apuntes para las entrevistas que dará cuando lo persiga la fama.

La amante de Wittgenstein recordó de repente que está en Milán el cuadro de Tiépolo sobre el episodio de Ulises.

La hija del hijo también estuvo en Milán un fin de semana con una amiga cuyo novio le ponía los cuernos; la amiga se lo reclamó al novio en la pista de baile de una discoteca en un suburbio; se pelearon en la calle a gritos y se fueron a casa de la amiga, y la hija del hijo no durmió en toda la noche porque la amiga le estuvo repitiendo la historia del triángulo; cuando se quitó la blusa la amiga para ponerse el camisón ya cerca del amanecer, vio la hija del hijo que tenía los senos enormes cubiertos de estrías y eso la consoló mezquinamente.

Ayer me enteré de que, entre otras muchas cosas, los toltecas ("que es tanto como si dixéramos 'oficiales pulidos y curiosos'") inventaron el arte de interpretar los sueños.

Sahagún es un maestro del flujo de la conciencia.

Los toltecas tuvieron que irse de *Tulla* porque lo ordenó su dios y sacerdote Quetzalcóatl, "y ansí salieron dallí por su mandado… dexando sus casas, sus tierras, su pueblo y sus riquezas… Y ansí creyendo y obedeciendo a lo que el dicho Quetzalcóatl les mandaba, hubieron de llevar por delante… sus mujeres e hijos y enfermos y viejos y viejas, y no hubo quien no le quisiese obedecer, porque todos se mudaron cuando él salió del pueblo de Tulla para irse a la región que llaman Tlapallan, donde nunca más pareció el dicho Quetzalcóatl".

Miércoles, 12 de junio

Algo le explicó un doctor a la hija del hijo acerca de las arrugas en el cerebro; cómo a la larga no importan, pues para cuando las arrugas cubran la superficie, ya no habrá conciencia en el cerebro que se percate. Al doctor le pareció muy atinado su símil.

Una vez más: hoy no cruzaré el Eje 8.

Se me ha pasado seguir contando mis retazos de la historia de Constantinopla que ya sucumbió a finales de mayo. Hubo tres días de saqueo autorizado.

El emperador Constantino se esfumó por una de las puertas de la muralla. Mehmet II quiso que le encontraran el cadáver. Le dieron una cabeza y la mandó clavar en una estaca; decidió después que no le pertenecía a Constantino; le buscaron otro cadáver y le pusieron el nombre del emperador y lo enterraron con ceremonias. En algún lugar de Estambul sigue la tumba.

La amante de Wittgenstein se demora en el hecho de que no se cambió de calzones luego de lavarse con agua del manantial. Mencionó de nuevo a Marco Antonio Montes de Oca que vivió en Cádiz donde lo visitaba un pájaro por las mañanas para que le diera de comer en el alféizar de la ventana.

Yo puse manantiales en algunos poemas cuando escribía poemas. También ojos de agua, que son más sugerentes: se pueden dividir en dos partes e invertirlas, agua de ojos, manipularlas, colocar el ojo en otro sitio, quitarle el agua, por ejemplo, ver qué hace un ojo solo sin su agua, ver el ojo simplemente y el agua por otro lado. Son los permisos que da la poesía, supongo.

Las listas que establece Sahagún de los antepasados de mi país forman retablos melancólicos, con un dejo de remordimiento en sus remates.

Los *teuchichimecas* eran expertos en yerbas y raíces y fueron los descubridores del *péyotl:* "se juntaban en un llano después de lo haber comido, donde bailaban y cantaban de noche y de día a su placer. Y esto el primer día; y luego el día siguiente lloraban todos mucho, y decían que se limpiaban y lavaban los ojos y las caras con sus lágrimas".

Eran monógamos estrictos, aclara en varias ocasiones Sahagún.

Ayer en una avenida alguien le gritó "dama boba" y ella consideró todos los matices de ese adjetivo, realmente pocos, y optó por tomarlo al pie de la letra.

Se confundió la amante de Wittgenstein de nuevo. No era Montes de Oca en Cádiz, sino William Gaddis quien alimentaba al pájaro en el alféizar de la ventana.

A la hija del hijo, Gaddis (autor, entre otros libros, de una densa novela, *The Recognitions*) la remite al señor Weatherbee, profesor de literatura en la prepa; daba clases de *creative writing* y era sumamente severo, incluso cruel. Sus alumnos o acólitos lo convirtieron en una leyenda: tenía que ser el artífice incomprendido de una de las grandes novelas norteamericanas, que se había exilado en México y había optado por el silencio y la anonimia. Alguien anunció algún día que había resuelto el misterio: Weatherbee era Gaddis. Alguien más consiguió *The Recognitions*. Los discípulos intentaron leer el libro y no pudieron. Admiraron aún más a Weatherbee. Le preguntaron por Gaddis para ver si notaban algo en su expresión. No hubo nada.

Luego alguien dio con una foto de Gaddis y se acabó el problema y por fortuna se perpetuaron el misterio y el fervor.

La amante de Wittgenstein afirma con toda razón que el camino de ida es también el camino de vuelta.

Es muy posible que la razón sea menos convencional que la imaginación, aunque sería muy difícil probarlo.

Me dejó un mensaje P. en la máquina: "No me has hablado; ¿dónde andas?" Eso me gusta. Así ya no tenemos que referirnos a su viaje ni a la descripción de las torres que lo deslumbraron cuando dio la vuelta con el río a su izquierda. Podremos tocar temas recientes. O el asunto de los cuadros de su padre, por más que le moleste.

Es cierto que las torres de P. son llamativas, con su línea escarlata a todo lo largo y los cristales convexos, pero no entiendo la obsesión.

Muy pronto acabaré *Red Doc>*; serán meses sin esa legibilidad semejante, opositora, no enteramente amistosa. En *Red Doc>* el pobre de Gerión quedó amarrado a la columna de un texto, para que lo picoteemos sus lectores. Carson lo puso ahí para desafiarnos. Por si alguien listo se atreve a destruirlo. Yo prefiero rodear la columna; esperar a que regrese la mamá moribunda, con los pulmones de piedra y los pelos blancos en la barbilla.

La hija del hijo no se atrevió a lavarle los dientes a su mamá en la víspera de su muerte. Esa intimidad no le correspondía. Murió la mamá con los dientes sucios.

VIERNES, 14 DE JUNIO

Según se comenta en las calles habría sido preferible ser ingenua que boba. Aunque las dos máscaras son semejantes. Salvo porque la de la ingenuidad parece tener remedio (la de la bobería ya nunca se quita). En la senda reprobé alguna prueba.

Si uno debe imaginarse dichoso a Sísifo, según instrucciones de Camus, significa entonces que es un hombre infeliz con la faena cotidiana de subir su piedra que volverá a rodar cuesta abajo. Los dioses decidieron mantenerlo ocupado para que ya no urdiera trampas. ¿Dónde están las señas de la dicha?

Los tumultos en la lluvia son mentales. Ha de haber más números que gotas. Por algo no me mojo.

Sísifo secuestró al dios de la muerte; lo encadenó a una columna y los cadáveres empezaron a acumularse. A Sísifo se le ocurrió que de este modo podría evitar su propia muerte, pero no consideró la sobrepoblación de muertos y la crisis en el Hades.

En mi civilización de seis personas apareció súbitamente ayer un rebaño. No es de oro. En la silla podrá sentarse a veces un pastor si no es de mentira.

Lunes, 17 de junio

El brinco que dio la recámara el sábado truncó la historia del sueño y la demagogia entre Roma y los volscos. Al final de un patio sucio, una mamá le rogaba a su hijo que restableciera la paz entre los pueblos. Aufidio le echó en cara a Coriolano que el peso de las lágrimas maternas le importara más que el de los cuerpos, sobre todo del suyo.

En mi país deberían fabricarse en serie los minotauros que tragan laberintos ajenos. Serían un éxito. Yo tendría varios en mi casa y nunca saldría sin al menos uno. Hay laberintos que son caras. No estoy segura si la astucia es un elemento esencial de los laberintos. También podría haber laberintos involuntarios. Habrá que investigar.

MARTES, 18 DE JUNIO

La forma de un pájaro en el pájaro de una forma: poema. "Rizando el rizo", quise decirle al joven poeta, pero lo habría interpretado como envidia. Lo habría rebatido: se llenó el nicho con un mirlo de más, innecesario, no con la sangre negra que había puesto el autor en el primero (siendo la sangre negra la del muslo de Odiseo cuando baja al Hades y se encuentra con los muertos y habla con Tiresias y habla con su madre).

El joven poeta se habría mofado de la antigüedad de mis referencias. Cursi la sangre negra. El poema son las palabras del poema. Por eso hay que jalarlas hasta que se rompan; tal me explica el joven poeta. ¿Como ligas? No. Como venas pero no de sangre, sino de ruido.

Es cierto lo que dice la amante de Wittgenstein: a los caminos realmente no se les pueden aplicar los tiempos verbales. Su perplejidad ante las ventanas es como la mía ante las conciencias; imposible de comprobar si son equivalentes porque si uno se traslada a la otra ventana deja de estar en la de aquí y entonces la situación se altera por completo. Nunca se está en la misma ventana o conciencia.

Al Sísifo de Homero lo cubren de sudor y de polvo. En la *Ilíada* figura como el más astuto de los hombres.

Mis descuidos con P. empiezan a ser imperdonables. No quiero lidiar con sus sentimientos. Ni con los que me provoca. En los cuadros de su padre seguramente hay alusiones históricas que a P. le resultan ofensivas por obvias. Sólo admite la abstracción como juicio de fondo. El riesgo es mayor, me explicó alguna vez. Lo que está en la superficie es todo lo que está. Sin anécdota para escabullirse.

Tendrá que enfrentarse P. a las figuras que pintó su padre aunque sea para destruirlas. Podremos quemarlas juntos.

MIÉRCOLES, 19 DE JUNIO

Por la tarde cayó por fin "una lluvia sin instrucciones", como diría Carson.

La lluvia sin sucedáneos es mejor que la lluvia en mi cabeza que no moja aunque las gotas tengan la consistencia de las gotas.

Crucé la misma avenida cuatro veces. La cuarta vez me propuse caminar de un solo lado.

Carson también colecciona madres en *Red Doc>*:

> *Las madres como hielo*
>
> *O cuando son buenas*
>
> *Nadie es tan bueno*
>
> *En la primavera*

Observé a la niña con su mamá haciendo muecas. Nos observé a las hermanas observando. La niña tiene razón en declararnos caducas.

Su dulzura es paciencia. Me resisto a contarle anécdotas que parecen lecciones.

Jueves, 20 de junio

El apocalipsis en la calle no equivale a uno en la casa. Eso entendí. Y que las palabras de un ángel susurradas por encima del hombro son pasajeras y uno puede desobedecerlas.

Entre las islas que van quedando sólo una me despista todavía: la que prescinde de colores. Si la tiento se mueve o se esconde. Es una isla con mañas que no les corresponden a las islas. Tendré que averiguar por qué.

A P. le puse un mensaje: "Juntémonos la próxima semana". Lo voy a obligar a que toque el tema de los cuadros de su padre. Él querrá volver a su viaje y a las horas perdidas sin remedio observando la orilla del agua, pero le voy a preguntar directamente: "¿Y los cuadros?"

Viernes, 21 de junio

Un gato jugando en un tubo de tela; otro gato mirándolo con desprecio. Las mujeres van y vienen en la sala. Me quedo sola en la mesa mientras hablan en parejas y en voz baja. Los gatos son un remedio. Me dedico a darle vueltas al tubo.

En mi civilización de seis personas se hablará conjuntamente y sin cuchicheos que interrumpan la concordia. Por el bien de la comunidad.

Lunes, 24 de junio

El hermano de la hija del hijo llegó a la ciudad. El miedo tiene su timbre de voz. Hay más alma que cuerpo en ese tartamudeo.

Va a examinar con cuidado las reacciones al silencio. La hija del hijo no sabe tratar hermanos ni mamás. La costumbre ya no existe.

El poeta joven me miró de reojo cuando hablé del pájaro en la forma. Debo aceptar la superioridad. Creo que es una orden. El quinto canto del *Infierno* de Dante los puso a llorar a todos en un salón de clases. Me asomo: es la lujuria, el rabo que al cuerpo envuelve, las víctimas del viento, *e come li stornei*, estorninos, otros pájaros, son turbas, tengo la impresión de que el borde está repleto de plumas; antes de irme tendré que sacudirlo.

Las plumas de los antepasados de mi país cubrían todo. Los otomís eran *otómitl* por su caudillo Oton. Tenían *"adevinos"* que eran como oráculos. Enlista Sahagún los defectos y faltas de los *otómitl*: "torpes, toscos e inhábiles". Gustaban de emborracharse, escribe, y eran flojos. Consumían con rapidez todo lo que habían cosechado. "Gastóse todo nuestro maíz, que luego daremos tras yerbas, tunas y raíces."

No era ocio, sino fatalismo.

Martes, 25 de junio

Terminé *Red Doc>*. "No todos los días pueden ser una obra maestra." Provoca incredulidad el libro a cada rato; lo salva la presencia de la mamá enferma, la claridad sentimental de Carson que no le rehúye nunca a la mera empatía. Es un *road-poem* extrañamente inmóvil. Apenas se nota la presencia de Gerión; sólo una sigla: G. Hay demasiadas concesiones a lo que uno da por sentado porque uno creció viendo tele y comerciales y caricaturas. Sospecho que Carson, inmersa durante años en el aprendizaje del griego antiguo, acaba de descubrir esas cosas. Y quiere presumirlas.

Mi gata ha estado sumida en los rincones: no puedo imaginarla en un sitio que no sea el mío conmigo.

Hoy escuché a dos señores discutiendo en el jardín con la vecina. Creo que hablaban del árbol muerto con el globo rojo. Seguramente lo van a talar.

MIÉRCOLES, 26 DE JUNIO

Sigo leyendo las listas casi neutras de Sahagún.

Matlatzincas viene de *mátlatl* que es la red con la cual estos antepasados de mi país aporreaban las mazorcas del maíz. "También les llamaban del nombre de red por otra razón, que es la más principal: porque cuando a su ídolo le sacrificaban alguna persona, por sacrificio le echaban dentro en una red, y allí la retorcían o estruxaban con la dicha red, hasta que le hacían echar los intestinos." Los tolucas usaban un método similar para el sacrificio. Al que iban a sacrificar lo "estruxaban retorciéndolo con cordeles puestos a manera de red y dentro dellos los estruxaban tanto que por las mallas de la red salían los huesos de los brazos y pies, y derramaban la sangre delante de su ídolo". Su ídolo se llamaba Coltzin.

Los *michhuaca* o tarascos no hacían sacrificios. Usaban a los cautivos de esclavos.

Ni ahí se consuela Sahagún.

Regresó de los rincones mi gata.

De nuevo estaré lejos del Eje 8.

La hija del hijo tomó té con el hermano. Un acto simple. El homenaje a la mamá es tácito. Le hija del hijo le pidió al hermano que sólo pensara en lo inexistente, no en los contenidos de la memoria. Las narices pueden crecer por inercia o por cumplir con un destino, en este caso paterno.

La amante de Wittgenstein quisiera entender por qué su mente salta de una cosa a otra.

En la casa de la ventana no hay una biografía de Brahms, pero sí una de Beethoven; además hay un libro sobre la historia del béisbol, cuando el pasto era real.

La realidad del pasto o su actual irrealidad funciona como una metonimia si uno sabe emplearlas.

Se puede decir que el pasto es mi realidad; sería tal vez una metonimia de las que mi diccionario llama causales.

En las espaciales uno perdería su sentido del pasto.

Las combinadas son peculiares: conocen su pasto.

Hay causas divinas y abstractas y físicas.

¡Son metasememas!

Mi diccionario de poéticas las dibuja: dos círculos pequeños dentro de un oval toscamente trazado. Son conjuntos de semas.

Sé que el pasto real intercede siempre cuando el irreal intenta tomar la delantera. O que el pasto real se pone en medio si una línea busca instalar una frontera.

Nada de esto se revela explícitamente en el libro de béisbol.

Dicen que Ella es una vieja loca que sale de su casa a buscar gatos sueltos; los llama con sonidos que Ella cree que los gatos captan ancestralmente (al menos desde Egipto). Antes Ella tenía ambiciones. Iba a modificar el uso de ciertas palabras. Nunca pudo elegirlas. Una semana eran: *puente, río, maroma, candelero, barco, letanía, lastre;* la otra: *mensaje, rito, casillero, puerta, copa, liebre, dique.* Y así durante meses. Siempre siete palabras con sus consecuencias.

Hasta que en vez de siete fueron surgiendo en grupos de diez o de quince y se salieron de control. Fue cuando Ella comenzó a imaginar los ruidos que harían las cosas en un mundo de puros ruidos. Y el asunto de los gatos ocupó un lugar central. Había muchos y respondían más fácilmente que los pájaros.

Aún no me contesta P. "¿Cuántos cuadros dejó tu padre?", le voy a preguntar.

No ha de ser fácil poner al día la imagen de un padre.

A las mamás es más fácil acomodarlas. Son desarmables.

VIERNES, 28 DE JUNIO

Mexicatl, mecitli, me-metl: maguey y *citli:* liebre.

"...Corrúmpese y dícese mexícatl."

La historia de Sahagún siempre incluye la de los nombres. Y la causa de este fue que: "cuando vinieron los mexicanos a estas partes traían un caudillo y señor que se llamaba Mecitli, al cual luego después que nació llamaron Citli, 'liebre'"; en lugar de cuna a este caudillo lo criaron en una penca de maguey. Fue sacerdote de ídolos y tenía tratos personales con el Demonio. Los mexicas o *mecicas* tomaron el nombre de su sacerdote.

Julio

A Ella el hielo le da una idea errónea de la blancura que se va diluyendo. El blanco en su cabeza destella sin deslumbrar.

El sábado fue inquietante, por el tramo en que no coincidió la idea con su concepción y tuvo que lidiar Ella con palabras que no se referían a ninguna cosa. De nuevo: sin la metáfora exacta de la blancura no pudo darle la vuelta a su torpeza.

Tendré que ver más tarde el dibujo de una metáfora en mi diccionario de poéticas. Será un círculo encimado en un círculo que, si funciona, se convierte en una espiral.

Por lo pronto, aquí la naturaleza ha dejado de funcionar. Lo cual no apunta a ninguna ausencia, sino a la presencia prolongada de sus defectos. El árbol muerto con el globo rojo, ahora desteñido, habrá sido un augurio. La señora del árbol ya casi no sale a su jardín y cuando se atreve, apenas levanta la cabeza, como si le estuviera cayendo algo encima.

La hija del hijo estuvo frente al hermano durante horas. Quería verlo tratar al menos de ser feliz, pero el hermano se hundió en la fijeza. Lo que ocurre con los hermanos siempre ocurre en el pasado. La hija del hijo pensó en la alfombra de una sala y en los hijos sonriendo para una foto. Es lo que ve todos los días a sus espaldas.

MARTES, 2 DE JULIO

Según la amante de Wittgenstein, fragmentos de la obra perdida de Safo se hallaron cortados en tiras dentro de varias momias egipcias. Asegura que esos fragmentos habrán aludido a la menstruación. Lo cual no importa, creo yo. Pero la amante de Wittgenstein insiste, aunque por fortuna rápidamente pasa a otra cosa, de nuevo las ventanas, el libro del pasto y luego el libro sobre las torres, que le parece aún menos apetecible.

¿Será cierto que Bertrand Russell llevó a Wittgenstein a ver remar a Maupassant? ¿Y que fue una experiencia inútil para Wittgenstein? Habría sido útil, en cambio, que Wittgenstein hiciera una lista de las experiencias que deben tenerse, frente a las otras, que ni vale la pena imaginar.

Sus reglas acerca del pensamiento no las retiene ni el propio pensamiento, que tiende por inercia a pensar lo que no puede expresarse con claridad. "Para trazar un límite al pensamiento, debemos ser capaces de pensar desde ambos lados de este límite (debemos ser capaces, pues, de pensar aquello que no se puede pensar)."

No es una solución, sino un problema.

La amante de Wittgenstein brinca de un lado al otro como en un río de fuego cuyas llamas hay que ir evadiendo para no quemarse. Los recuerdos son sus piedras.

El límite es ya una metáfora que permite dibujar una zona clara frente a otra oscura. Si uno piensa mucho en lo que no puede pensarse tal vez acabe por formular algo nítido.

O un poema.

Nunca debe olvidarse lo obvio; de otro modo, se esfuma la angustia y uno abandona por confianza las reglas.

Hace dos o tres años un amigo me señaló que los estudiantes de filosofía no suelen convertirse en buenos poetas.

Tendría yo que haber empezado por ahí.

El caso de los antepasados de mi país y sus siete cuevas sucedió después de que los abandonara su sacerdote llevándose el "dios dellos". También se llevó las pinturas de los ritos y de los oficios mecánicos.

No hay memoria, aclara Sahagún, de cuánto peregrinaron los mexicas: "fueron a dar a un valle, entre unos peñascos, donde lloraron todos sus duelos y trabajos, porque padecían mucha hambre y mucho sed. Y en este valle había siete cuevas, que tomaron por sus oratorios todas aquellas gentes".

En las siete cuevas hacían sus sacrificios.

Jamás pudieron o quisieron conceptualizar el cuerpo y la sangre. Cuando los emisarios de Moctezuma fueron a darle las noticias terribles de su segundo encuentro con Cortés, el emperador "mandó que untasen con greda a ciertos captivos para sacrificarlos… Y delante de los mensajeros mataron los captivos y rociaron a los mensajeros con sangre de los captivos".

Hicieron esto porque habían visto a los dioses y hablado con ellos.

Todavía no puedo decir nada de Kharms. Ni siquiera si me gusta. Sus textos son susceptibles de olvido, como las historias breves que contaba de repente la mamá de la hija del hijo cuando se abría un silencio oportuno.

MIÉRCOLES, 3 DE JULIO

El bisabuelo de Wittgenstein se llamaba Moses Mayer. Sustituyó el Mayer por Wittgenstein en 1808 por un decreto napoleónico que les exigió a los judíos que cambiaran de apellido.

Las cosas en las que piensa Wittgenstein no parecen imaginables. Los hechos están repletos de los elementos de los que se componen. Y están vinculados entre sí. "El mundo se disuelve en hechos."

Dos ardillas amenazan con tomar el patio. Ayer deambularon por la cornisa del estudio tan pronto comenzó a llover. Temo que la señora del árbol muerto decida eliminarlas. Cuando actúa es para destruir.

Voy a asustarlas con discreción.

La sexta señal de que se aproximaban los españoles fue "que se oía en el aire de noche una voz de mujer que decía: '¡Oh, hijos míos, ya nos perdimos!… ¡Oh, hijos míos, dónde os llevan?'"

Habrá nacido ahí la Llorona, en el aire.

Moctezuma mandó adivinos y agoreros al puerto donde se hallaban los españoles; incluso envió a dos o tres cautivos "para que sacrificasen delante del dios que venía, si vieren que convenía y si demandasen sangre para beber… Y llegaron a donde estaban los españoles, y ofreciéronles tortillas rociadas con sangre humana".

Los españoles escupieron y tiraron las tortillas.

Moctezuma se mudó del palacio a su propia casa, dispuesto a entregar el trono. Se desmayaba a menudo, compungido y cabizbajo.

El borracho que se les apareció a los sátrapas y encantadores que iban a reunirse con los españoles para hacerles algún maleficio fue Tezcatlipoca. Les cerró el paso y les pidió que miraran hacia México: la ciudad ardía. Luego el borracho se esfumó y los emisarios de Moctezuma regresaron con su rey.

Tezcatlipoca ha de seguir entre nosotros; partió el dios bueno, no el malo y vengativo.

Un cuerpo calcinado se descubrió en Huitzilac ayer. Era un cuerpo buscado por las autoridades.

Fue un tropo la metáfora. Ahora implica la "coposesión de semas". En mi diccionario de poéticas se dibuja como dos círculos que comparten un centro y no desencadenan ninguna espiral. Creo que a Wittgenstein le habría molestado mi diccionario por todo lo que debe saberse previamente para entenderlo.

Hay metáforas en ausencia y en presencia; las hay también continuadas, hiladas, mitológicas y sintácticas.

Si mi diccionario fuera un instructivo para construir metáforas, sería un ejercicio de veras arduo.

Por fortuna, las metáforas son anteriores a su definición.

JUEVES, 4 DE JULIO

Un zoólogo le enseñó un dibujo a un chimpancé en el Jardin des Plantes.

El chimpancé trazó los barrotes de su jaula.

De ahí le vino a Nabokov la idea de *Lolita*. Tendré que investigar el tema.

Se encontraron siete cabezas en un pueblo de Jalisco, y dos piernas de una adolescente dentro de una bolsa de plástico en Tlatelolco. Las autoridades hallaron poco a poco las otras partes del cuerpo. Sugieren que otro adolescente se encargó de cercenar el cadáver.

Ayer fue un día deambulatorio no por un eje, sino por varios. Reconocí avenidas que sólo había visto bajo la lluvia. Siempre son neutros los ejes, incluso el 8.

A P. la lluvia lo pone de mal humor. Me habló en la noche irritado. "¿Qué pasa contigo?", me preguntó. Le farfullé algunas nimiedades y de inmediato le deslicé un "por cierto"; luego "¿Y los cuadros de tu papá?" Me contestó con gruñidos: sacó otro cuadro de la caja; una mujer rosa y gorda en las piernas de un señor con pinta de licenciado. No quiere hablar de eso. Está seguro de que algo va a suceder que alterará el orden entero de las cosas.

No se puede decir nada en esos términos si uno se toma en serio a Wittgenstein. Las cosas incluyen todas las consecuencias posibles de las cosas, y no suelen sugerirse premonitoriamente.

Me acordé al amanecer de que antes de quemar a la yegua de Muff la declararon inservible. En su establo ya casi no había paja. Estaba hambrienta la yegua para cuando la llevaron a la plaza y la incendiaron.

A Muff la vida nómada en hoteles le ayuda a no pensar en la yegua y sus gritos en la plaza. Trae las cenizas en su maleta; a veces abre la urna y las toca con suavidad, como si ya fueran el futuro de un cuerpo.

Pensar desde el pensamiento es inquietante.

En los cuadros de Rubens la gente se toca. Eso cuenta la amante de Wittgenstein.

Yo tampoco concibo que Aquiles haya lanzado al bebé de Héctor por la muralla.

En su único viaje a Europa el señor Bermúdez solía cerrar los ojos ante las pinturas célebres y los grandes monumentos. Todo ya lo había visto ("mamado") desde chico. Quería citas con primeros ministros o presidentes; en todo caso, ver gente en la calle desde una mesa. Su proyecto consistía en llenar espacios vacíos. Cargaba los dibujos en su portafolios a todas partes.

"...No se pueden concebir objetos espaciales fuera del espacio ni objetos temporales fuera del tiempo..."

Pero sí se pueden imaginar y describir con palabras.

Al poeta joven le voy a plantear este dilema para impresionarlo. Algo mencionó el otro día acerca de cómo la poesía ya no está en los libros: debe actuarse, representarse.

La casa de Wittgenstein en Noruega habrá excluido cualquier manifestación del miedo.

Viernes, 5 de julio

Imaginar y describir objetos fuera del espacio y del tiempo ocurren espacial y temporalmente. Por lo tanto no vale la pena hacer el esfuerzo contrario; sólo atenerse a esas condiciones que ni siquiera necesitan de nuestra conciencia para existir.

A Moctezuma muerto lo hallaron los mexicas afuera de las casas reales, cerca de un muro donde había una piedra labrada "como galápago, que llamaban Teoáyoc". Junto a él estaba el cadáver del señor de Tlatelolco. Luego de las ceremonias fúnebres quemaron los dos cadáveres en *Copulco*. Nadie lloró por Moctezuma.

Breve discordia del lóbulo frontal a las seis de la mañana.

Lunes, 8 de julio

Uno puede oír la lluvia, asomarse por la ventana, sacar la mano y sentir la lluvia, pero no por eso puede uno estar absolutamente seguro de que está lloviendo.

Ahí se subsiste si se somete todo a las pruebas de Wittgenstein. Lo mismo ocurriría con el cuerpo donde uno vive.

Hay una luz rayada en mi cabeza desde el sábado. No se concibe igual lo que había adentro. Se perciben más habitantes: todos encimados y con intenciones diversas.

Un hombre que hace milagros en un cuento de Kharms decide abstenerse y dejarse morir, aunque podría evitarlo con un milagro. Se impone la inercia misma del relato y del hombre para que uno levante la ceja ante tal ingenio. La ecuación del absurdo acaba siendo previsible; más que el mero realismo, cuyas opciones son múltiples.

"Me choca la gente muerta." El personaje patea el cadáver de la vieja en su comedor y al cadáver se le salen de la boca los dientes postizos. La vieja muerta surgió de la nada. En los textos de Kharms no hay premisas, sino hechos consumados que les llevan la contra. Uno debe aceptar que un cadáver puede poseer su propia forma de vida y que no es necesario que muera antes para estar muerto.

El narrador mete el cadáver en una maleta y alguien se roba la maleta en el tren. La historia termina en un bosque donde el narrador se hinca a rezar.

MARTES, 9 DE JULIO

Se me están acumulando los finales. Anoche fue Sahagún.

Cuauhtémoc, señor de México, le avisó a Hernán Cortés que se quería rendir. Lo esperó Cortés en el pabellón colorado que le habían hecho encima de un tapanco. "Y ansí... el señor de México, Cuautemoctzin, con todos los principales que con él estaban, viniéronse a donde estaba el marqués, en canoas. Cuautemoctzin iba en una canoa, e iban dos pajes con él... Y cuando le llevaban a la presencia del capitán... comenzaron toda la gente mexicana que estaba en el corral diciendo: 'Ya va nuestro señor rey a ponerse en las manos de los dioses españoles.'"

La plática de Cortés con los señores de *Tetzcucu* y *Tlacupa* giró en torno al tema obsesivo del oro. No había suficiente, según Cortés: "¿No hay más oro que este en México? Sacadlo todo, que es menester todo".

Empezaron las acusaciones, y los señores de *Tetzcucu* y *Tlacupa* les aseguraron que los culpables eran los de *Tlatilulco*. Y Cuauhtémoc defendió a los *tlatilulcas*, y con esta discusión termina el tercer y último tomo de la *Historia general de las cosas de Nueva España*.

Y empieza, supongo, la primera versión de este lugar donde vivo.

El poeta joven podría reclamarme cierto facilismo en la reconstrucción de los hechos de cada día anterior. Pero no veo que mi memoria, al menos, tenga otro recurso salvo el de recordar. Y eso se construye de atrás para adelante o viceversa, lo cual puede ser rutinario al cabo de unas páginas.

Quizás a veces me perturbe la posibilidad de que de veras no vuelva a haber poemas. Ya no se percibe ni siquiera la cadencia que los precedía.

A la amante de Wittgenstein no la inquieta perderlo todo. Parada en el Mediterráneo retiene la voz de María Callas que estuvo escuchando en su camioneta antes de volcarse por el muelle. La dispersión crea la certeza de un contenido y es ahí donde uno se mueve.

Yo no me he parado en el Mediterráneo. Ni he llenado cubetas con el agua del Támesis. La discordia en el lóbulo frontal me impide desviarme del hueco de estas dos experiencias.

Gran parte de los antepasados actuales de mi país vive todavía en un tiempo antropológico.

Aún no entiendo cómo se para uno en ningún mar sin que siempre se aleje el agua. La ventaja del río es que sigue pasando por más que no sea la misma agua.

El río de Jungapeo fue el único que conoció de cerca la hija del hijo. Decidió remontarlo para descubrir el posible manantial. Nunca llegó muy lejos la hija del hijo por la dificultad de seguir la ruta de las piedras que no siempre estaba asegurada. Había que detenerse, además, para hacer el recuento y mirar hacia abajo. Y ponerse la mano encima de los ojos para que no deslumbraran las manchas del sol en movimiento por esa ladera.

Nunca llegó al principio del río.

Miércoles, 10 de julio

Sospecho que se aproximan más finales o desenlaces.

Según la amante de Wittgenstein, Odiseo tenía el cabello rojo. Lo imaginé castaño, casi negro. Prefiero que no sea rojo.

Hay días en que P. sale apenas de su recámara. Me lo confesó anoche. Se queda recostado en la cama y mira el cielorraso. Me dice que así está aprendiendo a pensar correctamente, sin permitir que la mente corra por todas partes y se distraiga con asuntos que no son de su incumbencia. Ayer se impuso la tarea de pensar en las trampas que se pone la cabeza para no concentrarse en una sola cosa. Quiere entrenarla a ir avanzando sin perder el hilo.

"El punto en el espacio es un lugar de argumentación."

No sabría cómo parafrasear eso.

Mi amigo que me aclara perspectivas empieza a abandonarme. Quizá sea uno de los desenlaces. Habré dicho algo que no correspondía. He descuidado el manejo de situaciones. Me estanco siempre en la anterior.

También quisiera aprender a pensar. Wittgenstein diría que las trampas de la cabeza son las palabras, pues crean falsos problemas y falsas soluciones. Pero aun las falsas soluciones pueden funcionar temporalmente, que es donde uno vive. Y en ese periodo uno puede descubrir alguna coartada o salida. Si funciona, la solución se vuelve verdadera.

Estoy casi segura de que a Wittgenstein le gustaban más los mitos que la poesía, por ser generalmente colectivos. Además, no importa que se cuenten mil veces; hay un centro que nunca se distorsiona.

En la Nueva España recién inaugurada, Fray Martín de Valencia, uno de los franciscanos que llegó alrededor de 1524, golpeaba a los indios cuando malentendían el concepto del dios único y absoluto. Como nunca pudo dominar ninguna lengua autóctona su costumbre era rezar en público, pues los indios, según él, imitaban todo lo que veían y había que convertirlos lo más rápido posible para que aún les quedara la oportunidad de conseguir un alma. Tuvieron que encerrar al fraile luego de una aparatosa visión en que multitudes se convertían al unísono.

Desde cualquiera de las perspectivas del *Tractatus* resulta inimaginable una vida sentimental en la vida de Wittgenstein. Por lo tanto, no vale la pena buscar pistas.

¿Qué es uno en un mundo de objetos simples e incoloros? Esto último lo señala Wittgenstein de paso.

Mi gata ya no se arquea sin dolor.

Me voy a reunir con P. en la tarde. Me pidió que no mencionara los cuadros de su padre. Le gustaría describirme sus pensamientos más logrados y ver si no se desmoronan al contarse.

"De acuerdo", le dije, "pero que sea de este lado del Eje 8".

Así continuaré con mi racha de no atravesarlo.

JUEVES, 11 DE JULIO

No se puede contestar y no contestar el teléfono al mismo tiempo.

Lástima: sería muy provechoso.

En mi reunión con P. hubo largos y deliberados silencios.

Antes incluso de sentarse me advirtió que ahora habla por trechos para así controlar los contenidos y la similitud con sus formas respectivas. Cada frase que pronuncia la repasa para asegurarse de que es impecable de acuerdo con la lógica o estructura que contiene esa frase. Fue una reunión lenta y austera. Hubo que repetir algunas oraciones insignificantes, pero esenciales en la construcción de ese espacio. Cuando le pregunté: "¿Cómo estás?", me contestó que tendría que describir cada parte de su estado para confirmar que no es un invento de las palabras. No me permitió cambiar de tema una sola vez sin antes agotar todas sus posibilidades. Hablamos mucho de la diferencia entre la lluvia y el clima; si este la contiene o no la contiene y si no, entonces cómo no debe incluirse en sus efectos.

Me quedaron pocas ganas de verlo otra vez (frase inaceptable, seguramente, pues el acto de ver no necesariamente es una condición de las ganas). A P. le hace falta ocuparse en algo que esté fuera de su persona. En la gente, por ejemplo, que es al menos una cifra inestable.

Los hijos del señor Bermúdez arrojaron sus cenizas en el mar de la costa de Guerrero. Creían que en el agua las cenizas se juntarían para conformar un espíritu que viviría eternamente.

No sé si los espíritus sean impermeables.

No entiendo para qué cremar un cadáver si uno quiere que se vuelva a juntar en algún sitio.

El joven poeta me habla muy seguido de otro poeta, con grandes elogios. Yo he de parpadear mucho. Me recita fragmentos de los poemas. Ya no los capto a la primera. De inmediato se me despierta la suspicacia. Lo cual es una muestra más de mi propia esterilidad o mezquindad. Las metáforas ajenas me suenan abusivas. Pero no digo nada. Admito en voz alta que esos pedazos de poema son extraordinarias pruebas de que la poesía aun goza de poderes absolutos en el reino de las palabras.

O algo así.

En voz baja me recito después los versos que recuerdo e intento observarlos como si estuviera mirando un espejo desde arriba; mi cara se llena de sangre. La imagen deforme ocupa el espacio de la imagen. Eso pasa dentro del contorno del poema. ¿Cómo obviarlo y no deducir ese fenómeno del poema mismo?

A ese poeta que me recitan lo llenaría de júbilo la expresión: poema mismo.

De las cosas que hice mal ayer una me atosiga: mi impaciencia casi cruel con la niña de cuatro años.

En adelante voy a estar muy atenta a mi ironía.

Hay ironías de dicción (metasememas) y de pensamiento (metalogismos).

Mi diccionario de poéticas no dibuja ironías.

Leyendo el *Tractatus* tengo la impresión de que numerosos incisos son irónicos. Pero no puedo probarlo.

Quizás a veces son tan evidentes que uno los lee irónicamente, como si uno siempre hubiera sabido lo que dictan.

VIERNES, 12 DE JULIO

Un personaje de Kharms golpea el agua con una piedra porque ahí se ahogó su hija.

Lo cuenta el agua.

Al norte del país la hija del hijo tiene un sobrino al que no conoce ni va a conocer, pero mencionarlo de vez en cuando le permite reforzar su propia leyenda. O eso cree. Al hermano de la hija del hijo no le interesa su progenie.

Ni siquiera sabe cuántos años tiene su primer hijo.

Si ya se instaló una malla en mi cabeza, ¿por qué no me protege del cascajo?

Se vuelve a aparecer el muchacho de antes en un paisaje que no casa bien con su figura delgadísima. Se le nota el exilio en la sombra quebradiza.

El jardinero trama algo con la vecina del árbol muerto.

Voy a espiarlos.

LUNES, 15 DE JULIO

Una fórmula ritual de los anales precolombinos de los aztecas era poner "No pasó nada" en los años que se consideraban vacíos de acontecimientos.

Hoy fue un día yermo. No hubo manera de exprimirle nada a la rutina. Lo único inusual es que todo ocurrió más temprano y con más luz que la necesaria.

Hubo situaciones del viernes al domingo. Se va secando sin duda el corazón cuando ya es posible que lo haga sin dejar cicatrices.

No creo que Wittgenstein se detuviera en los asuntos del corazón, aunque con los numerosos suicidios en su familia habrá tomado alguna decisión con respecto al sufrimiento.

Las cinco monjas del *Deutschland* se murieron cada una a tiempo. Primero fue Henrietta, la líder de las demás. Una ola enorme la tiró del barco.

MARTES, 16 DE JULIO

En Jalapa una persona muy sensible cantó *La Marseillaise* el domingo en su casa, frente a nadie.

En mi país se considera que ese himno le pertenece a la humanidad. Hay gente que lo canta llorando y con un agudo sentimiento cultural.

La amante de Wittgenstein comentó antier que Brahms repartía dulces entre los niños de las familias que iba a visitar; lo que no puede asegurar es si esto ocurrió una sola vez o varias, si es leyenda o anécdota. Le preocupa mucho.

Lo que sí parece cierto es que Brahms no tuvo hijos. Tampoco Leonardo da Vinci.

El cuadro que nos construimos en la cabeza es un hecho.

En el mío hay tendencia a distorsionar la superficie que, por fortuna, se sostiene al margen de los pesos muertos.

No se puede declarar que algún día fue yermo. Equivale a una trampa usar el vacío para llenar el vacío. Es una regla elemental.

En mi civilización de seis personas se correrá a cualquier miembro que comience a comportarse sin la menor inseguridad. A la primera señal se le recordará que la civilización que se ha levantado depende de los rasgos negativos, cuya lista se establece cada noche.

Me contaron de varias abuelas el sábado. Una coleccionaba conchas; la otra muebles altos de madera.

MIÉRCOLES, 17 DE JULIO

A P. le recetaron medicamentos; una cápsula parda tres veces al día. Fue porque dejó de moverse. La portera se dio cuenta de que no lo había visto salir de su departamento el fin de semana.

Uno acaba dependiendo mucho de sus porteras.

Según P. la quietud fue la primera señal del triunfo de su método para pensar, y había que haberle dado tiempo a fin de que asumiera el control de su cuerpo que en adelante se movería de acuerdo con las instrucciones del método.

Empezó a cavar un hoyo en su cabeza; un hoyo de basuras conceptuales, y alrededor fue erigiendo una barda imaginaria que pronto tumbaría para que cubriera el hoyo y ocupara ese hueco el nuevo procedimiento, que consiste básicamente en imponerle a cada contenido su cantidad única y exacta de autoconciencia.

Los medicamentos le impiden ver el hoyo. Ha vuelto poco a poco a su antigua personalidad, cuyo pensamiento se mueve como una mosca en un cuarto sin salidas y con ranuras en vez de ventanas.

P. menciona esto con un tono más bajo. Para molestarlo le pregunto por los cuadros de su padre. Guarda silencio y me echa en cara la intromisión: "¿Por qué carajos te interesa lo que a mí no me interesa?"

(Por cierto, de Ella no he dicho nada porque huyó al campo. Les mandó una nota a sus allegados: "No me busquen; soy dueña de mis actos".)

Muy grandilocuente me parece.

La abuela de la hija del hijo (la mamá del hijo) se inventó una biografía: no era originaria de Texcoco ni de ninguna parte de México, sino de España, donde en efecto había nacido su esposo.

Recitaba los menús de la realeza que se iba aprendiendo de memoria. Ahora serían menús prohibidos por la ecología.

La columna vertebral de un poema debe fracturarse, me dijo un maestro para explicarme los inicios de la vanguardia. Era un maestro que encadenaba analogías con una sonrisa y con el dedo índice en el aire haciendo pequeños movimientos circulares: un espejo es como un ojo, es como una sombra de luz en la sombra; es como el tránsito de lo visible a la confesión de lo invisible, etcétera.

Lo más abstracto resultaba ser el etcétera, cuya continuidad puede prescindir definitivamente de una analogía sin que pierda su carácter sustitutivo.

Yo tiendo a encerrar las analogías en círculos. Creo que es un error.

Analogía es lo mismo que homología, señala mi diccionario de poéticas. El semema A y el semema B son homólogos si poseen un sema en común.

No da ejemplos.

Sé que mi gato y yo compartimos el mismo sema.

Estoy segura de que a P. le van a preguntar sus conocidos: "¿Ya te tomaste tus medicamentos?"

Prometo no hacerlo.

Hoy sí cruzaré el Eje 8.

No habrá manera de que lo demuestre mañana.

JUEVES, 18 DE JULIO

Crucé el eje con los ojos cerrados. Así no tendría que torturarme tratando de hallar pruebas fidedignas.

Cuando cierro mis ojos, los resabios de lo que acabo de ver se meten automáticamente en un círculo. Quizá de ahí viene el hábito de pensar con analogías.

A Wittgenstein le funcionó la imagen de un cuadro en la cabeza o un marco que se llena de percepciones: "Es fundamental que en el cuadro y en aquello que está representado haya un elemento idéntico, para que algo pueda ser el cuadro de algo más en el sentido preciso del término".

Guardan cierta semejanza con la analogía ese cuadro y el mundo. Hay que tomar en cuenta la angustia de los sinónimos en las definiciones inamovibles del pensamiento.

Encima, la traducción de una traducción genera problemas adicionales. Es la voluntad del traductor añadida de manera modesta o inmodesta al texto traducido. Se esfuman los sentidos precisos en la medida en que aumenta el libre albedrío.

El tema del círculo en la actual circunstancia es riesgoso. Lo voy a postergar.

No entiendo por qué mencioné al muchacho el viernes pasado. Apenas lo recuerdo, algunos resabios de una pasión intensa y pasajera, aunque todavía reconozco las huellas. Son granos de arena en el cuadro, ásperos si los piso o los intento acariciar con la mano.

La amante de Wittgenstein hace hogueras a lo largo de su playa. Junto al hueco de la basura hay una pila de vidrios rotos, de distintos colores, y sus brillos se alteran según la iluminación. Eso la remite a las pinturas de Van Gogh.

¿A qué se refiere con la campanita de Alfred North Whitehead? Tendré que preguntarle a mi amigo el filósofo que se burla de Hegel y se carcajea con Kafka. También lo divierte mucho Céline. Su mujer y él leen el *Viaje al fin de la noche* como si fuera una novela cómica cuyo humor los demás no captamos.

El momento en que Ferdinand Bardamu se come a la gallina que había sido su mascota más querida quizá lleve la tristeza a tal extremo que uno sólo consigue huir riéndose.

Las risas cultas siempre me han puesto nerviosa.

Me enteré de que Muff hizo una excursión a una colonia en las afueras de la ciudad donde le avisaron que había varios caballos muy maltratados. Se metió a escondidas en los establos y vio que uno de los caballos era una yegua y que estaba flaca y herida por numerosos latigazos. Se metió junto a ella y lloró.

Ya tengo una nueva fórmula para detener la propagación de los círculos:

> En el año Once-Casa nada sucedió

> En el año Doce-Conejo nada sucedió

> En el año Trece-Caña nada sucedió

Por cierto, fue en el año Trece-Conejo cuando los antepasados de mi país observaron españoles sobre el agua.

A Michon se le nota lo gran hablador, brillante sin duda, a la hora de discurrir sobre Flaubert. Es un vicio francés concebir la escritura como una traición. Será la hiperconciencia de ese idioma y la culpa consecuente por darle interminables vuelos a la retórica.

Al final del ensayo sobre Flaubert, rescata Michon al pobre autor con un subterfugio vital: junto a su río, en su jardín, con los pájaros trinando y la sobrina jugando, Flaubert podía ser feliz, a pesar del muro de la impecable prosa.

Viernes, 19 de julio

Ayer me dejó P. un mensaje desesperado en la máquina; me acusa de haber esparcido un rumor acerca su situación actual. Antes de colgar sollozó.

¿Le habré contado algo a alguien? A veces se esfuman los detalles del día anterior. Por ejemplo, hoy me di cuenta de que los zapatos que me puse el miércoles (cuando crucé el Eje 8) no eran cafés, como yo había pensado, sino negros. Sin embargo, el miércoles, en el transcurso de la tarde, siempre los vi cafés.

He notado que de repente mi pensamiento se salta un paso. ¿Qué tal si también yo me estoy saltando una experiencia?

(Tendré que indagar, además, por qué supongo que mi pensamiento y yo no somos lo mismo.)

Ahora voy a tener que disculparme con P. Admitiré para consolarlo que es mi culpa; soy chismosa.

Estoy segura de que Wittgenstein no era chismoso; incluso, de que las historias personales no le interesaban en lo más mínimo. Las habrá percibido como desperdicios, materia inservible para el pensamiento.

Ya averigüé lo de la campanita de Whitehead. Fue el sonido que oyó Gerturde Stein cuando conoció a Whitehead.

Lo resolví de la manera más fácil: indagando con la amante de Wittgenstein.

Me salvé, pues, de una conversación abigarrada con mi amigo el filósofo.

Estoy releyendo el Libro XII de la *Historia general...* de Sahagún, pero ahora traducido del náhuatl al francés, por Georges Baudot, y luego retraducido del francés al español. Las diferencias entre las dos versiones son enormes. La de Baudot es menos parca, más literaria. Por ejemplo, en el cuarto presagio, cuando cae el cometa, dice: "las gentes murmuraron mucho, como si se hubiera extendido un rumor de conchas entrechocadas". La de Sahagún, en cambio, lo describe de modo llano: "la gente... comenzaron a dar gran grita. Sonó grandísimo ruido en toda la comarca".

LUNES, 22 DE JULIO

Estuve casi una hora con P. Me reclamó tantos asuntos que dejé de prestar atención. Admití todo y nos quedamos callados. Luego P. empezó a platicarme de una tarjeta blanca que halló en un anecdotario de arte moderno. Ahí había hecho él tres anotaciones: "lector tardío=lector tramposo; primera lectura=fraude, Bugs Bunny". "¿A qué se refieren?", le tuve que preguntar.

Ya no sabía, pero la tarjeta blanca estaba en la página dedicada a Joseph Cornell. Intentó describirme P. una caja de Cornell, quien construía objetos para entretener a su hermano discapacitado, Robert. También le hacía comida de colores.

Cornell vislumbró su primera caja en la taquilla de un teatro, donde una muchacha hermosa vendía los boletos. Se obsesionó con la muchacha y al cabo de pasar frente a la taquilla durante casi dos semanas, le compró un ramo de rosas.

Cornell no se atrevió a hablar con la chica; abrió la puerta de la taquilla y le echó las flores. La chica dio un grito, salió el gerente del teatro, llamó a la policía y Cornell tuvo que quedarse veinticuatro horas en la comisaría.

—Esto es serio… y es triste… —me dice P.

—…

—He querido ser un buen amigo… Veo que no es así, que he fracasado…

—No es cierto…

—Claro que es cierto…

Si yo hiciera una caja pondría mi corazón adentro y un montículo de ceniza y dos clips atados con una liga y el listón rojo de mi gato y una cáscara de naranja.

¿Cómo salgo de mi enredo?

Estuve gritando en una taquería. Mi conciencia no incluye los estruendos de mi voz.

Es una caja la conciencia, no un cuadro, "que no sabría representar su propia forma: no hace más que mostrarla".

La forma de la conciencia tendrá que ser la caja.

A la mía se le pegan las alas de una mosca a la menor oportunidad.

El Bugs Bunny de P. es el que se mece en su barco de ensueño mientras come una zanahoria y canta: *"Someone's rocking my dreamboat"*; el ejemplo más perturbador de una caricatura sin final. Uno la acaba leyendo en la memoria. Tal hace el lector tardío, y la falta de inmediatez de las letras y las palabras lo convierten en un lector tramposo.

Así interpreté la tarjeta blanca. Aquello de "primera lectura=fraude" hay que aceptarlo como un artículo de fe.

Se podría establecer una relación entre la pantera de Rilke, el chimpancé de Nabokov y el tigre de Borges.

El poeta joven quiere alejarse. Está buscando escribir otro tipo de verso que vio en su duermevela: caía de abajo hacia arriba con la desenvoltura de un cohete.

Ya no entiendo sus teorías.

Leí en cummings: "él ahora es un barco".

A mi amigo más fugaz lo tengo que retener con una variedad de elogios; lo seguiré haciendo cada tercer día.

¿Habrá reflexionado Wittgenstein acerca del ego? Ha de ser lo que atisba en su espejo la forma del cuadro cuando se imagina a sí mismo. O, más bien, lo que genera por imaginarse a sí mismo.

A la amante de Wittgenstein le da vueltas el relato sobre las ventanas; es una trama de actitudes frente al vidrio.

El ego se convierte en una ventana sucia.

A los negros que venían con Cortés los antepasados de mi país los llamaron "dioses sucios".

Cuando abordaron los antepasados el barco de Cortés, comieron tierra en señal de respeto. "Se tocaba la tierra con el dedo y enseguida se llevaba este a los labios o a la lengua."

Era una ceremonia habitual.

No encuentro el término *difrasismo* en mi diccionario de poéticas; busqué entre *diéresis* y *diglosia*, que es la coexistencia de una variedad de lenguas en el habla o en la escritura.

Las cosas que uno hace sin saber cómo se llaman.

Miércoles, 24 de julio

Atraparon a un narcotraficante que mordía los corazones de sus víctimas para darse fuerza.

También cocinaba los restos.

En la caja, junto a mi corazón, voy a meter el timbre postal de Eliot. Sé que no tiene nada de original fabricar una caja, pero será la imagen de una conciencia que se describe como un cuadro lógico que puede o no representar al mundo.

Ya iré averiguando qué sucede en el cuadro cuando no representa al mundo.

Los antepasados de mi país decían "la tierra está muerta" para hablar del anochecer.

Al mostrarles el oro a los españoles, después de la masacre de Cholula, cuando se reunieron entre los dos volcanes, "como monos de larga cola [los españoles] se apoderaron por todas partes del oro... como si murieran de hambre por él, como si lo desearan como puercos, el oro".

Eso no viene en la versión de Sahagún.

La pantera de Rilke también estaba en el Jardin del Plantes. Rodin insistió en que fuera Rilke al zoológico y eligiera un animal y lo estudiara con cuidado: cada movimiento, cada músculo, cada alteración. Rilke escogió la pantera y de esa visión proviene su poema. La jaula es tan persistente como en el dibujo del chimpancé de Nabokov. Ninguno de los dos animales sale de ahí.

La hija del hijo visitó el Jardin des Plantes y estuvo algunos minutos frente a la jaula del león. Era casi la hora de clausura y los encargados del zoológico preparaban la comida para los animales. La hija del hijo no veía realmente al león sino que iba construyendo la anécdota que contaría posteriormente. El rugido no lo pudo incluir por su tamaño y por el tipo de adjetivos que necesitaría: exagerados y presuntuosos.

Pero el rugido sí interrumpió la persistencia de la jaula unos instantes. La hija del hijo no halló nunca la analogía que pudiera acercarse a ese sonido: "Denso como un bosque incendiado", se dijo, y lo ocultó en su caja.

Un tal Torrigino le rompió la nariz a Miguel Ángel, según la amante de Wittgenstein.

Clama que en Soho su gato se le subió en las piernas a De Kooning, quien le susurró algo en holandés al gato, cuyo nombre era *Rembrandt*.

El Bugs Bunny de la tarjeta blanca de P. está vinculado con un recuerdo de su mamá, que le gustaba mentir para impresionar a las visitas con la precocidad de su hijo.

P. la obedecía siempre y luego en secreto los dos se reían.

Las mamás no entrarían en el cuadro lógico, pero sí estarían como piezas sueltas en la caja.

Además de tigres, Borges también tiene una pantera, que repite un "monótono camino/que es (pero no lo sabe) su destino/de negra joya, aciaga y prisionera".

Sus tigres son más diversos: los de su infancia que después "caducaron... pero están todavía en mis sueños", donde aparece un tigre "disecado o endeble... o de un tamaño inadmisible, o harto fugaz, o tirando a perro o a pájaro".

Y luego está "El otro tigre": "el tigre vocativo" de un poema, símbolo y sombra y tropo literario. Al igual que la pantera, es "una aciaga joya". Borges siguió buscando al tercer tigre, "el que no está en el verso". Se puede vislumbrar en algunos sueños.

JUEVES, 25 DE JULIO

El único animal inmediato fue la pantera de Rilke; el chimpancé de Nabokov y los varios felinos de Borges no dejaron de estar encerrados en la jaula de una noticia y de un texto.

Pero no voy a continuar con esa reflexión. Claramente es una muletilla y no un pensamiento; además, parecería que valoro de modo especial lo inmediato, cuando ya la misma percepción de lo inmediato lo convierte en mediato.

Por algo Wittgenstein le echó la culpa de todo a las palabras, aunque lo haya expresado con palabras.

Ayer no crucé el Eje 8; en cambio, sí atravesé el 6. No son experiencias equivalentes. Al cruzar un eje, uno no cruza todos. Hasta el cielo es distinto encima de uno y de otro.

El Eje 8 suele conducirme a una especie de fatalismo, como si fuera inevitable seguirlo cruzando durante varios días en la cabeza como una enfermedad.

No me ocurre así con los otros ejes.

A P. nunca le he platicado del asunto de los ejes. Es muy impaciente con lo ajeno. Lo distrae de su propia persona y eso no lo soporta. Me hablaría entonces de cómo él, etcétera.

Con P. sólo se puede compartir aquello que lo incluye, si no se empoza en el tedio y, como buen obsesivo, se obsesiona con esa sensación y sus ojos miran el piso o a veces fingen por educación, y es tan obvio que ofende más que un abrupto cambio de tema.

¿Cómo habrán sido las conversaciones de Wittgenstein?

Siempre habrá dicho la verdad.

Sin duda resulta más escueta que la falsedad.

Tendría que encontrarse un justo medio. Quizás en términos muy generales y caseros, en eso consiste precisamente la literatura.

La poesía miente más que la narrativa; posee todos los recursos formales para hacerlo. Y ni siquiera importa.

Aquí hay un gato y un jardín al lado con un árbol muerto y un globo rojo ya marchito.

No me atrevería a plantearle mis hipótesis momentáneas al joven poeta. Me contestaría con un sarcasmo y con el esbozo de una compleja teoría acerca del significado y sus silencios sucesivos.

Las definiciones de la literatura suelen ser fórmulas felices que luego se gastan como si fueran las llantas de un vehículo torpe. No preceden a nada; de hecho, ninguna definición lo hace: no existe antes que la cosa que define.

Wittgenstein habría aprobado tal vez esa condena.

A mí me perturba por el laberinto donde ya no hay centro; lo imaginé ayer mientras caminaba de nuevo por la calle de Tonalá. Tuve que detenerme a respirar; fue cuando se me acercó un perro negro meneando la cola y una voz ríspida le ordenó que me dejara en paz.

Yo no quería que me dejara en paz.

Mi respiración a veces confunde el oxígeno con el polvo. Me atasca entonces en las vías y debo pedirle permiso, lo cual me convierte en su devota.

Mis altares se erigieron en otra parte. Mi caja los pondrá al descubierto.

VIERNES, 26 DE JULIO

Se pronostica brumosa la perspectiva desde la madrugada, cuando se ponen a funcionar las máquinas a mi alrededor. Cada una tiene su fecha de caducidad, su propia potencia. La que mejor suena es la mezcladora de cemento.

Cuando dé vueltas hoy en el parque voy a incorporar a la rutina de mi cabeza los nuevos avisos acerca de los perros robados o envenenados.

Hay cierto protocolo para las amenazas y las venganzas en mi colonia. Se intercambian numerosas cortesías antes de ejecutar las órdenes de exterminio. Las señoras, con sus maquillajes, son especialistas en el arte de la amabilidad.

Voy a observarlas para aprender.

A los caballos los llamaban venados los antepasados de mi país; siempre había que darles agua a pesar de que los embestían con sus cascos. Era difícil entender que un animal estuviera por encima de una persona.

Las masacres de Cholula y del Templo Mayor se describen con mayor detalle en esta versión de Baudot del Libro XII del Códice Florentino. Después del festejo de Huitzilopochtli que prepararon los antepasados de mi país a petición de los españoles, cuando empezó a atacarlos la gente de Alvarado, "era en vano correr. No se hacía más que caminar a gatas arrastrando las entrañas; era como si con ellas se enredaran los pies cuando se quería huir".

Sahagún substrae los elementos de la crueldad a favor de una especie de necesidad histórica. Con lo cual la conquista se asemeja a la descripción de una cirugía fascinante y compleja que era obligatorio ejecutar.

LUNES, 29 DE JULIO

Entre la ventana de mi vecino y la mía nunca se altera la distancia; nos movemos él y yo de cuadro, pero tan pronto volvemos a ocupar ese espacio, se restablecen los puntos equidistantes con un ligero temor de los personajes a espiarse más de la cuenta. El vecino saca su espejo y se arranca los pelos inoportunos de la barbilla. Yo me volteo hacia el árbol muerto.

P. evita asomarse por su ventana. Me comentó el domingo que se está entrenando para vivir en la penumbra. Así nunca tendrá que abrir las cortinas y anulará "la presencia de lo externo". También se propone hablar sólo con generalizaciones "para que lo personal equivalga a un abuso de adjetivos". La nueva conciencia no incluirá la figura de la primera persona. Por alguna razón, la falta de luz y de intemperie le permitirá inaugurar un escenario sin dobles o triples sentidos.

Estuve a punto de preguntarle por sus medicamentos, pero no me animé a parar en seco su inspiración.

El joven poeta me pide que me interese en las polémicas actuales; de otra forma, señala, nunca podré incorporarme a la corriente de "lo significativo".

Hay una polémica sobre los bonsái y los intelectuales que no parece prometedora; otra recalca una vez más la inutilidad de la poesía y exige que cada poema se transcriba en prosa como prueba final de su eficacia. Tampoco entusiasma. Quizá la más interesante sea sobre la imagen como recurso que debe prohibirse, pues supone que cada cabeza verá lo mismo y es injusto introducir ese peligro de des-igualdad. El objetivo en un futuro será evitar a toda costa cualquier riesgo de intertextualidad. En esta discusión se incluye el problema del arte conceptual que, según la escuela de los legisladores, tiene que declararse inexistente. En los foros se grita mucho y al unísono. Eso emociona al poeta joven que sólo concibe la inteligencia como un lugar de feroces disputas.

Me invita a expresar mis ideas. No le he contado acerca de mi caja. Le hablé alguna vez de mi civilización de seis personas con una silla vacante.

Lo vacante siempre lo seduce, como indicio de una poética.

Martes, 30 de julio

En *La cita* de Herta Müller el cadáver de Lilli es un prado abierto de amapolas rojas.

A Lilli la mata un soldado cuando va cruzando la frontera hacia Hungría con su novio, un oficial de sesenta y seis años. Lilli prefiere a los hombres mayores. Cogía con su padrastro en la cocina, mientras su mamá iba a comprar el pan: contra la estufa o el refrigerador.

Es una novela acumulativa que va dejando pistas desperdigadas en la memoria; su propósito es no llegar a ninguna parte porque todo circuito está cancelado por la opresión de la vigilancia, que es la misma lucidez de la escritura.

Debo pensar con ejemplos, según el consejo de Wittgenstein. Pero no hay suficientes experiencias esta semana; mis ejemplos serían elucubraciones. No podría engañar ni a mi conciencia, lo cual impacienta al cabo de unos días.

La amante de Wittgenstein puso todo patas arriba; juntó en un solo cuadro a De Kooning, Giotto, Van Gogh, Rembrandt y los dos gatos, el de Soho y el que rasca la ventana para entrar en su casa. Se concede una mañana la libertad de imaginar lo que se le antoje; en su playa no hay testigos.

Miércoles, 31 de julio

Es el penúltimo día.

La amante de Wittgenstein se percató de que en el cuadro de su cabeza ya hay amontonamiento. No sólo metió a De Kooning, Rembrandt, Giotto, Van Gogh y los dos gatos, sino también a un rebaño de ovejas.

Lo que perturba es que el cuadro pueda ser el mismo de Wittgenstein. Sería un compromiso mayúsculo; además, no hay salidas en ese cuadro: el mundo entero está recluido ahí.

Es muy posible que hoy atraviese el Eje 8.

En mi proyecto de veinticuatro horas habrá menos experimentos que intuiciones generosas. No voy a oponerme a ninguna circunstancia, sólo trataré de intuirla.

Quizá cuando cruce de vuelta el Eje 8 deje de ocurrir lo de siempre.

No hablaré con P. hasta el sábado.

Los antepasados de mi país decapitaron a varios españoles y a cuatro caballos. Alinearon las cabezas en una especie de repisa y las pusieron a curtirse bajo el sol.

No valoraban las cabezas tanto como los corazones.

El niño tzotzil vejado hace poco por un funcionario —le tiró los dulces que vendía al suelo— ya está de vuelta en su casa. Le regalaron tres refrescos y una botella de agua, según pude ver en la foto. Vive en un jacal con su mamá y tres hermanos. A la mamá le dan una beca de seiscientos pesos cada dos meses.

En mi país se otorgan numerosas becas.

Agosto

En una leyenda que recuerda la amante de Wittgenstein, un grupo de mujeres celosas colgó a Helena de un árbol.

En otra leyenda, Aquiles y Helena se enamoraron y se fueron a vivir a una isla mágica.

La amante de Wittgenstein asegura que esta última leyenda se fabricó para sacar a Aquiles del Hades.

Siempre procrean laberintos las enumeraciones de la amante de Wittgenstein. Aprendió a pensar como su maestro, pero con el problema enorme de un contenido. En el cuadro vacío de la cabeza que postula Wittgenstein, el equilibrio es exacto; tan pronto se va llenando, se dificulta distinguir entre lo real afuera y lo real adentro. Por algo Wittgenstein se fue a una isla sin habitantes y concibió ahí su método.

La amante de Wittgenstein no recuerda que recordaba; es peor que un círculo vicioso, pues la misma figura del círculo está en riesgo por la confusión de los tiempos.

Mi hipótesis de hoy sería que el cuadro de Wittgenstein funciona impecablemente sólo sin contenido.

Por cierto, a Muff no le va a gustar la historia de los caballos decapitados.

Tiene apuntes K. para el 1 de agosto de 1914: va a la estación a despedirse de K. Sé que es un guiño de ojo, pero no deja de asustarme.

En 1915 no hay 1 de agosto; de mayo salta a septiembre: escribe que la gente que piensa intensamente es sucia y pura.

No hay tampoco 1 de agosto en 1916, pero sí en 1917: un tal Dr. O. cuenta historias sobre una alberca en Praga. Al final del apunte K. escribe: "tenso las riendas".

Yo haré lo mismo.

A mi gato le está creciendo una mancha azul en la cola.

Ayer me dormí pensando en eso.

Pude evitar el Eje 8 tomando Universidad.

VIERNES, 2 DE AGOSTO

Al niño tzotzil la primera dama le regaló una papelería con fotocopiadora.

Creo que en el pueblo del niño tzotzil no hay electricidad.

Me topé con una vecina muy maquillada ayer en la escalera. Me comentó que su marido se niega a morirse, sentado todo el día en su sillón: ya no ve ni oye ni habla. Me comentó también que a veces le gustaría ahorcarlo.

¿Por qué no ha aparecido la hija del hijo? Maneja mejor el pasado que yo.

La amante de Wittgenstein se ha puesto a recordar a Esquilo. Lo mató una tortuga que le echó encima un águila. Confundió su cabeza con una roca donde estrellaría la concha de la tortuga para abrirla. Esto ocurrió en 455 o 456 antes de Cristo.

Quizá la multitud de dioses, encargados de todo tipo de tareas, provocaba confusiones; es posible que el águila estuviera cumpliendo con algún designio y la tortuga con otro y que se les haya atravesado en el camino la cabeza de Esquilo. Quizá también el propio dios o diosa que se hacía cargo de esta escena calculó mal los episodios y juntó al águila con la tortuga antes de colocar la roca y justo en ese instante pasó Esquilo.

Hoy intentaré aprender de un grupo mujeres que ha perfeccionado lo femenino hasta convertirlo en una especialidad.

LUNES, 5 DE AGOSTO

El sábado no le hablé a P. Hubiera hecho falta un esfuerzo enorme volver a cederle todo el interés a cambio de nada.

Sé que debería practicar la indulgencia, pero su "persona" acaba siendo una forma de rapiña; cada intercambio tiene como resultado menos "persona" para mí. Si me sigo hundiendo en sus historias, terminaré por recordar sus recuerdos. Esa perspectiva me aterra. A fin de cuentas, mi vicio es la memoria.

Suena psicológico y, por lo tanto, burdo. Pero supongo que en ese artefacto llamado conciencia hay una capa de sicología que funciona según las instrucciones de un manual.

No voy a ahondar en el tema, por lo pronto.

"Estaban amarillas, embarradas de amarillo, pintadas de amarillo" las cortesanas o mujeres "ligeras y perdidas" de los antepasados de mi país. Era un artificio de belleza traer la tez de ese color y para conseguirlo había que untarse con tierra amarilla o ungüento. Las mujeres de la nobleza lo desaprobaban absolutamente.

Encontraron los brazos de una mujer en una carretera muy cercana a la ciudad antier o ayer. Los pusieron en una bolsa. Buscarán el resto del cuerpo.

Los antepasados de mi país siguen siendo antepasados.

El padre de la hija del hijo les daba albergue a tres o cuatro huicholes en la casa cuando venían a la ciudad a vender sus artesanías o arreglar algún problema arduo de documentos. Dormían en el piso del zaguán sobre cobijas y cojines. A uno le decían Pedro. El gobierno lo envió a Cuba como representante de su "etnia"; apenas hablaba español. Lo soltaron en La Habana cuando ya no hizo falta tomarle fotos. Alguien lo rescató y lo puso en un avión de regreso. La historia la contó Pedro en una comida con la familia de la hija del hijo. Eran balbuceos con risas. La familia también se reía aunque levemente avergonzada porque tendría que dejar a Pedro ahí sentado para retomar su rutina al margen de la noción misma de huicholes.

MARTES, 6 DE AGOSTO

Seguramente uso sinécdoques sin percatarme.

En mi diccionario de poéticas la definición más clara es de Todorov: "consiste en emplear la palabra en un sentido que es una parte de otro sentido de la misma palabra".

Mi diccionario ofrece algunos ejemplos: "Es un Demóstenes" en vez de gran orador o "bronce" en lugar de campana o "tres inviernos" por tres años.

Hay sinécdoques que pueden ser una forma de metonimia, incluso sinécdoques de una metonimia que sería el todo.

Rastrearé los ejemplos.

Leí anoche que somos animales narrativos. Los poetas señalarían que más bien somos animales poéticos y que lo narrativo es una degeneración.

Tendré que consultar al joven poeta. A él le causan gracia las aseveraciones de naturaleza histórica; le parecen rutas cerradas a cualquier indicio de vanguardia "gestual".

Nunca le he preguntado qué significa eso, aunque lo emplea muy seguido, sobre todo para elogiar un poema; "rito gestual", afirma.

Imagino eso en un texto o en una voz. Cierro los ojos. A menudo lo hace así la gente experta que escucha poemas en los foros.

En el cuadro de mi cabeza no surge ninguna representación válida del "rito gestual"; sólo el gris de fondo.

Tal vez yo sea un "animal impedido" para ese tipo de epifanías.

Suele haber más bosques en mi cabeza que cualquier otra cosa. Es un telón rudimentario. El árbol ofuscado por la multitud de árboles. De ahí que sea difícil asomarse; hojas abultadas de fresno o agujas de pino. Cuando me pican se abre un claro. No es realmente mía la cara que se dibuja con un trazo rápido. Pero no importa, sirve para la percepción o el testimonio.

El globo rojo en el árbol muerto ya se disolvió. Ayer lo busqué mientras fumaba en la noche; sólo vi un bulto pequeño que era tal vez un pájaro.

Según la amante de Wittgenstein, El Greco, Cervantes, Santa Teresa y San Juan de la Cruz fácilmente podrían haberse conocido, cruzado incluso en la calle o en algún comercio; hasta quizá se saludaron. Sin que El Greco o Cervantes hayan dicho "Hola, Santa Teresa", "Hola, San Juan de la Cruz", pues no eran ni santa ni santo todavía.

La mancha morada en la cola de mi gato ya es un punto rojo con un cráter.

Miércoles, 7 de agosto

Me dejó P. un mensaje en la máquina anoche: "Háblame, por favor".

Me encargaré en la tarde.

"Uno puede describir, no *nombrar* un estado de cosas."

Las opciones en Wittgenstein son reducidas. Se aplican en términos abstractos, no en las cosas mismas; por ejemplo, habría que averiguar qué es mesa: un nombre o un estado de cosas.

Reducir la proposición al absurdo equivale a no entender. Las letras (A o Ab) acaban siendo suficientes. Aunque sólo sean representativas, no descriptivas.

"El padre de la hija del hijo es el hijo" tal vez sea la sinécdoque de una metonimia. Pero, ¿cuál sería el todo de la metonimia? O viceversa.

El cráter en la cola de mi gato permite ver el grosor de la piel. Aún no logro vincular el cráter con la mancha morada.

Hoy mientras camine por el parque, trataré de vigilar los mecanismos que uso para creer que pienso.

"No puedo más que hablar de los objetos; no sabría *pronunciarlos*. Una proposición sólo puede decir de una cosa cómo es, no qué es."

La diferencia está en el nombre que no debe pronunciarse pues eso equivaldría a decir "cómo es".

La isla de Wittgenstein habrá sido un lugar repleto de silencios consecutivos.

La amante aprendió bien la lección de su maestro: revocar cada frase que pronuncia porque no halla la manera de demostrar su veracidad.

Las pieles de caballo que curtieron los españoles en la Florida terminaron por pudrirse y los españoles por comerse los cadáveres de sus colegas.

"Y los cadáveres, hagan lo que hagan, nunca de los nuncas meten la pata."

Foster Wallace escribe *"screw up"*; "la cagan" sería demasiado fuerte. En su ensayo la frase se refiere a una cita de Gaddis acerca de los nuevos escritores jóvenes: "un cementerio sin tumbas".

Foster Wallace era uno de esos jóvenes en 1987; en el ensayo examina las vicisitudes de la tecnología más avanzada de su época —por ejemplo, la videocasetera— y establece hipótesis intemporales sobre la literatura contemporánea.

Ahora parecen parte de una religión gastada en un suburbio desplazado por un baldío.

Sin duda cruzaré el Eje 8. Los dos lados no son iguales, como el río que veo cuando se postulan ríos sin entrar en detalles; una orilla salvaje y la otra congestionada por el lodo.

JUEVES, 8 DE AGOSTO

"Está *como* vacía su cabeza", le dijo el doctor a P.

Añadió que así debe quedarse durante un periodo; luego organizarán poco a poco los pedazos.

Azotó la puerta del consultorio P. Una cabeza vacía no es lo que buscaba.

Le pedí que se mantuviera tranquilo, no tomara ninguna decisión. Me reclamó mi indiferencia.

No te importan mis viajes, mis proyectos, la penumbra deliberada.

No pude responderle.

Sus viajes los corta antes de que concluyan; es su nuevo experimento. Deambula por una calle, le da vueltas a una glorieta, se detiene frente a una estatua o una columna y, antes de terminar el circuito, se regresa rápidamente a su cuarto con las cortinas cerradas para estructurar los desenlaces.

No entiende P. por qué esos periplos truncos no se notan en su cabeza.

Son como arrugas, repitió con sorna el doctor.

Nada es como otra cosa. La nueva hipótesis de P. establece que no hay analogía que no sea una mentira.

Se va a dedicar a demostrarlo.

¿Para qué?

Me puse profesoral. Primero: proponer que analogía equivale a mentira ya encierra implícitamente una analogía; segundo: una analogía puede ser a fin de cuentas una mera convención o tropo (palabra de mi diccionario, no mía); y tercero, tampoco vale la pena que cada vez que uno hable tenga que hacerlo sin recurrir a trucos.

Pero exactamente en eso consiste el proyecto de P.: que las palabras tengan referentes inmediatos; que nunca diga uno: "Ah, claro, el río es una analogía del tiempo" o cosas similares.

¿Qué pensaría P. de mi diccionario de poéticas?

Poner *españoles* –como hice ayer– en vez de Pánfilo Narváez y Cabeza de Vaca con sus compañeros navegantes en la Florida podría ser una metonimia o una sinécdoque.

Aunque sólo funcionaría como tal si uno conoce los nombres de antemano. Lo cual se aplica a todos los casos; si uno ignora que Demóstenes era un gran orador, no tiene el menor sentido "eres un Demóstenes".

Los españoles se comieron entre ellos cuando la expedición ya se había convertido en un desastre.

De España salieron el 17 de junio de 1527 en cinco navíos con seiscientos hombres. Se dirigieron a Santo Domingo para abastecerse, entre otras cosas, de caballos; ahí ciento sesenta hombres abandonaron la expedición. El resto navegó hacia Cuba.

De acuerdo con una versión reciente, los caballos estaban flacos y débiles.

Lo último que me dijo P. por teléfono fue una advertencia: el próximo martes me hablará para contarme lo que hizo el domingo.

Será un trece.

Veo hoy que hubiera sido mucho peor cruzar el Eje 8 un día ocho del octavo mes: tres ochos de un solo golpe.

Hay tradiciones que lo desaconsejan fuertemente.

Viernes, 9 de agosto

Las sensaciones pueden no provocar consecuencias; es muy posible que uno se las permita y las alimente con la falsa idea de que afectarán aquella cosa externa a la que aluden. Pero la mera realidad prescinde absolutamente de lo que ocurra en cualquier cabeza; una obviedad, lo sé, pero que paso por alto casi a cada instante.

La mayor parte de los libros que encontró en su sótano la amante de Wittgenstein estaban en alemán; hubo siete libros de Heidegger en los cuales se repetía *dasein*.

La amante no entiende ni una palabra de alemán; habrá hablado en inglés con Wittgenstein, o quizá ambos superaron esa necesidad que Wittgenstein consideraba peligrosa y generadora de mentiras. Una conversación es el recuerdo de esa conversación y a cada uno se le quedan los pedazos que sobreviven en la memoria.

Voy a ponerme a observar lo que diré más tarde hoy cuando los demás también digan.

Lunes, 12 de agosto

Las prerrupturas y rupturas suelen darse en cadena: son contagiosas; padecí una el viernes, de rebote; fue mínimo el sacrificio por parte de alguien cuya persona es unitaria y no se resquebraja. ¿Cómo se logrará tal condición?

Visité a una familia de impecable armonía el sábado.

Tengo que pensar en las familias que he conocido para cultivar de nuevo mi pesimismo.

Me llegaron noticias de la Mujer; algún comensal la regañó por discutir en lugares públicos. Le repitió lo de siempre: "No eres una dama". La Mujer ha intentado serlo una y otra vez; supone que las damas guardan silencios prudentes, nunca hablan fuera de tiempo y, sobre todo, callan sus desacuerdos.

La castigaron. Todo el día la encerraron en un cuarto a oscuras donde sólo había un colchón y una mesita de noche. La Mujer no quiso acostarse, sino permanecer junto a la puerta para escuchar lo de afuera: la gente se reía.

Lo último que le dijo Él antes de cerrar la puerta con llave fue que encima de la mesita de noche había un juego de damas chinas y unos naipes: "Para que aprendas… y no se vale llorar, ¿eh?"

Martes, 13 de agosto

Ya van tres veces que llamo por teléfono a P. "Hoy es el día. Y quiero que me cuentes", fue lo que dejé grabado en la máquina.

Se ha de estar escondiendo.

Los *Anales históricos de Tlatelolco* son de 1528. El autor fue un tlatelolca anónimo.

Cuenta que la masacre en el Templo Mayor duró tres horas. Al lugarteniente de Cortés, Pedro Alvarado, le pusieron el sobrenombre de "Sol" por su cabello rojo.

"Cuando llegó el capitán, 'Sol' ya nos había masacrado. Hacía veinte días que había partido hacia la orilla del agua, el capitán, cuando 'Sol' nos destruyó."

El *icnocuícatl* era un "canto de huérfano" o "canto de angustia". No hay modo de parafrasearlo.

Y todo esto nos sucedió.

Lo vimos,

lo admiramos.

Con esta lamentable, lastimosa suerte soportamos la angustia.

En el camino yacen las flechas rotas,

los cabellos están desordenados y lacios.

Las casas han perdido sus techos,

las casas se han puesto rojas.

Los gusanos hierven por las calles y las plazas,

y los sesos han salpicado las paredes de las casas.

Las aguas están como rojas, están como teñidas,

y cuando las hemos bebido

hemos bebido agua salitrosa.

...

Hemos comido la madera coloreada del tzompantli,

hemos mascado la grama del natrón,

la arcilla de los ladrillos, lagartijas,

ratones, polvo de argamasa,

y gusanos.

Juntos hemos devorado la carne,

cuando apenas acababan de posarla sobre el fuego.

Cuando la carne estaba cocida,

la arrancaban de ahí,

en el fuego mismo la comían.

Se fijó nuestro precio.

Se fijó el precio del joven, del sacerdote,

de la joven y del niño.

¡Basta! El precio de un hombre del pueblo

apenas llegaba a dos puñados de maíz,

no alcanzaba más de diez tortas de mosca;

nuestro precio no era más que veinte tortas de grama de natrón.

El oro, el jade, las mantas de algodón,

Las plumas de quetzal,

Todo lo que es precioso no valía para nada…

Son últimas palabras: ya hay muchas que caen dentro de esa categoría.

Le voy a enseñar el fragmento al joven poeta. Tal vez por fin lo sorprenda.

Le podría sugerir al joven poeta que quizá los poemas fundamentales son siempre "últimas palabras" y que seguir con la poesía posteriormente significa reproducir copias de un arquetipo.

Se va a burlar; tiene otra idea de las palabras y de sus efectos. Son golpes, me dirá, que se perciben siempre en otro tiempo aunque sea simultáneo.

P. sigue sin contestar. Ya no he dejado mensajes.

No encuentro a las seis personas de mi civilización.

Anoche se extravió en mi cabeza una cara. Cayó en alguna parte y la estuve buscando sin moverme de lugar.

MIÉRCOLES, 14 DE AGOSTO

Me dejó un mensaje P. en la máquina: "Aún no hago nada; te llamo después. No me llames tú".

Según la amante de Wittgenstein, Brahms le dio dulces a Wittgenstein en varias ocasiones.

No imagino a Wittgenstein comiendo dulces; pero no importa para nada lo que yo imagine.

Además: *¿yo?*

Esa entidad se sigue resbalando en mi cabeza, que es como una pista de hielo o un piso enjabonado, dependiendo de la hora. Lo intento describir y se abre un hueco: la inauguración de otro piso.

"No hace falta mucho dinero para dar un buen regalo, pero sí mucho tiempo."

¡Cuánta claridad sobre los regalos tenía Wittgenstein! Suena a sentencia de Goethe: simple y obvia.

Wittgenstein pensaba con tal intensidad (se dice) que uno podía verlo haciéndolo.

¿Se me notará cuando pienso?

Volví a dislocarme en la madrugada.

Por diez años Cabeza de Vaca anduvo "perdido y en cueros".

No habrá Eje 8.

JUEVES, 15 DE AGOSTO

¿Será cierto que las botas que se ponía Heidegger cuando iba a caminar al bosque pertenecieron a Van Gogh?

Dudo de que haya personajes menos afines, lo cual ya es una frase improbable porque seguramente hay miles de personajes menos afines aún.

Por ejemplo: Gandhi y Hitler, Aristóteles y Jim Morrison, Pessoa y Porfirio Díaz, Rimbaud y Benito Juárez, etcétera. Estas cuantas parejas podrían intercambiarse: Morrison y Hitler, Gandhi y Díaz, Rimbaud y Artistóteles, hasta que cada combinación se agote. No tendría ningún propósito. Las listas apaciguan por su orden inmediato. Además, uno se puede burlar de ellas tan pronto las hace.

Me preguntó un amigo si escribo frases sabias.

Nunca.

El transcurso de ayer fue con un solo ojo; el otro se negó a abrirse.

En el parque, el camino de costumbre parecía una línea recta, cuando suele ser un óvalo. Tuve que detenerme dos o tres veces, voltear la cara casi al revés para por fin distinguir la curva. Unos niños se rieron de mí en el puesto de hamburguesas.

Mi juramento de hoy: no hablarle a P.

Sospecho que su acción del martes 13 tuvo que ver con los cuadros de su padre. Tal vez los destruyó en un acto que P. consideraría una justa retribución por todas las cosas que le hizo su padre, según repite él cada vez con más dramatismo. Nunca lo interrumpo para decirle que a todos los hijos (es decir: a todos los seres del mundo) nos hacen cosas nuestros padres y madres, que a su vez fueron hijos e hijas.

P. tiende a pasar por alto lo más evidente.

Creo que Wittgenstein no admitiría "mesa de noche", pues uno la puede usar a cualquier hora del día y adjuntarle noche a la mesa es crear una situación en la que las palabras provocan anomalías.

La hija del hijo estuvo una hora sentada en un equipal mirando la ventana. Se preguntó en algún instante si eso equivalía a pensar.

No importa. La visión en la ventana era de múltiples sectores compartidos: un pedazo de cielo, una reja, cuatro ardillas en un árbol, tres tinacos. Se le podrían añadir ruidos a la visión.

No es el mundo, aclararía Wittgenstein, sino un conjunto de cosas.

El muchacho ha vuelto a surgir esta semana; su nostalgia es inverosímil.

A la hija del hijo le preguntó un vecino: "¿Por qué no crees en el amor?"

Puede ser que entre los papeles y documentos encuentre su respuesta.

La amante de Wittgenstein recordó más tarde que las botas quizá no fueron de Van Gogh sino de Kierkegaard, a quien Heidegger tampoco habría soportado.

Si uno sigue esa pista podría proponer que Heidegger traía puestas esas botas cuando lo visitó Celan.

VIERNES, 16 DE AGOSTO

Hablar en inglés sucede en una especie de fantasía donde se otorgan todos los permisos. El tiempo transcurre bajo otra luz, provisional y amable. Antes era un lugar nocturno y materno. A las ocho en punto de la noche, la hija del hijo le hablaba por teléfono a la mamá y el intercambio duraba a lo mucho quince minutos. La mamá se irritaba con tanta formalidad, pero ya nunca hubo modo de cambiar la costumbre sin romper lo demás.

La hija del hijo todavía habló una vez a esa casa a las dos semanas de la muerte de la mamá; contestó la voz de un señor y la hija del hijo previsiblemente colgó.

Aún se sabe el número telefónico de memoria.

LUNES, 19 DE AGOSTO

La conciencia definitiva de no pertenecer a ningún grupo se consolidó el sábado: dos parientes más o menos envejecidos que miramos con dignidad incómoda cuando se fueron alejando los otros: *adiós, adiós...*

Una mujer joven y hermosa agitó los brazos como pájaro absurdo en una pradera de Oklahoma. Susurró frases truncas en francés sobre el amor del que uno se enamora y cayó encima del cuerpo de un pobre hombre que la perseguía por el campo vacío.

Los escasos méritos poéticos de la hija del hijo la acabaron de convencer: no debía moverse de su lugar fijo; sería poner en riesgo el pedacito de personalidad que aún le queda.

MARTES, 20 DE AGOSTO

En mi sueño de anoche P. se había rasurado las cejas y cortado las pestañas: una cara desnuda y sin perfil. Seguiré ignorando sus llamadas.

Una madre de veintitrés años le clavó un cuchillo siete veces a su hija de tres años en la cabeza porque no se callaba. La hija murió y en la foto la madre luce tranquila.

Me enteré de eso el domingo. A las madres las auxilia una gran compasión. Cuando me topo con alguna en la calle, le busco los ojos para descubrir ese indicio de angustiado consuelo.

Un psicoanalista me diría que es mi propia transferencia, lo cual podría decirse de todo pensamiento acerca del mundo: algo de uno, muy insignificante, que se añade y no afecta en nada.

Qué magra conclusión.

En el libro de Herta Müller el final es el comienzo. Un gato se mueve en una cornisa y los vecinos salen de sus casas al mismo tiempo.

Müller escribe un texto sobre la importancia de los pañuelos. Cuando la corrieron de su cubículo en la fábrica donde traducía manuales técnicos, sacó su pañuelo, lo colocó en un escalón junto a sus diccionarios y estableció ahí su oficina. Nadie se atrevió a quitarla.

En la casa de sus padres había un cajón con tres tipos de pañuelos: para hombres, para mujeres y para niños.

Estoy segura de que la gente que carga pañuelos de tela con sus iniciales vive de manera correcta, ortodoxa. Ocupa el espacio exacto que le fue asignado desde sus primeros años. Estoy segura también de que siempre, alrededor de las cinco de la tarde, a esa gente la aflige una pasajera melancolía.

Lo anterior pertenece al género de las reflexiones falsas. Tengo que cuidarme.

A la gente con pañuelo siempre se le pierde el pañuelo; además, en algún momento sentimental deberá prestarlo y hasta regalarlo.

La madre del hijo escondía su pañuelo luido en la manga de su camisa. Lo lavaba los viernes con su ropa interior, vieja y amarillenta.

Me advirtió el joven poeta que cuide mis impulsos pues terminarán por construirme una reputación de persona difícil. Me dice que debo acostumbrarme a leer poemas en voz alta, a anunciarlos y contar su historia. Según él, es la actitud más honesta.

Mallarmé leyó sus poemas y dio una conferencia frente a un público de ancianos en Bruselas que se quejó de no entender nada y abandonó la sala antes del remate con el que Mallarmé creyó darle un toque genial a sus palabras.

También me recriminó el joven poeta mi falta de radicalidad. Las ideas están en otra parte, no aquí entre mi cara y el vidrio.

El sábado (día de varios descubrimientos) hubo otra noticia: Ella existe ya en otro círculo de palabras, muy exitoso.

Será sustituida entonces. Será simplemente la Señora.

A uno le pueden suceder cosas imprevisibles mientras camina. Tales de Mileto cayó en un pozo de agua mientras observaba las estrellas en el cielo. Decidió que concentrarse en ver cosas lejanas lo alejaba de las más cercanas y evidentes: por ejemplo, que el origen de todo es el agua.

De ahí que mi profesor de filosofía afirmara que los filósofos son torpes (en el mejor sentido de la palabra): incapaces de calcular el tamaño de la circunstancia.

A la Señora se le están volviendo a salir los huesos de su lugar. Le repito que se quede quieta, no permita que se multipliquen las imágenes del quiebre en su cabeza y vaya paso por paso en la diminuta parcela en la que se mueve.

A fin de cuentas: es una suave parcela repleta de minutos, cada uno vestido según sus tradiciones más antiguas. Holanes para el minuto tres, que es el más molesto e insistente. Holanes morados. El minuto cinco es más amable: siempre la deja entrar o salir a la Señora.

Toda la mañana del domingo Muff estuvo acicalando a un caballo que le prestaron; con el cepillo le sacó brillo y le pegó la nariz al lomo para captar de nuevo ese olor canónico.

Le tendré que preguntar cómo es posible que sólo yo conozca su historia. ¿Y quién le presta caballos?

Dos temblores hoy. ¿Qué habría pensado Wittgenstein? El cuadro que representa a la realidad debe compartir con ella la forma de la representación. Los temblores mismos han de ser lógicos, aunque habría que investigar si "lógico" equivale a "racional".

Me asegura un amigo que no se pueden leer las caras. Le contesto que las novelas de Henry James son una lección alucinada de la lectura de caras. Existe el peligro de la sobreinterpretación, pero eso no debe impedir que uno haga paráfrasis de los gestos. Por lo general sólo conocemos la imagen de nuestra cara inmóvil ante un espejo, no en movimiento cuando dialoga con los demás.

Los incas construían mejores puentes y caminos que los antepasados de mi país, pero no hacían poemas.

Eso tiene que apuntar hacia algo significativo acerca de la percepción, una especie de aptitud para la irrealidad o la distorsión sonora.

Las comparaciones entre los dos imperios, el inca y el mexica, aguzan la atención, y a mí, al menos, me provocan envidia si resulta que los incas eran superiores en algo a los mexicas. Sin duda no eran tan violentos; los sacrificios humanos no formaban parte rutinaria de sus ritos.

La Señora se volvió a encerrar. En su cuarto no hay luz; con las paredes estableció el pacto de que no le devolvieran ninguna sombra mutilada si la Señora no veía a tiempo el cambio de horas. Ensimismarse no sirve para pensar.

Cuando se rasca el tobillo, la Señora se engaña con la idea enfermiza de que esa piel no es suya.

Debo recalcar: K. no siempre es Kafka.

Hoy temprano, después del primer temblor, me contaron algunas de sus historias. Su amor era siempre una imposición y K. tenía la certeza de que no era recíproco.

El de la hija del hijo funciona igual. Pide pruebas constantes: "¿Me sigues amando?; ¿te aburres conmigo?" Muchas veces nadie le responde.

La lectura de caras que hace Edith Wharton es más ligera y debidamente superficial que la de Henry James, cuya psicología de gestos era de hecho un estilo, la invención de una prosa que anula al mundo.

James nunca logró acostumbrarse a la máquina de escribir y decidió dictar sus últimas novelas, ilegibles por el desbordamiento de sus interpretaciones: a cada episodio le corresponde un largo titubeo donde el propio autor no se decide por nada.

Wharton también se demora, pero con mejor ánimo, como si creyera en la mera espontaneidad.

Los huesos de la Señora brillan en el piso. Alguien debería fotografiarlos.

Si P. destruyó los cuadros de su padre voy a fingir que no me importa y sólo le preguntaré si los hizo pedazos o los quemó. Hay menos lugar para el arrepentimiento si uno los quema. El problema es el fuego, si se difunde o despide un olor desagradable para los vecinos. Si huelen los cuadros al incendiarse, P. me dirá que es el espíritu de su padre.

A la hija del hijo le duró en la nariz la peste del cadáver de su padre alrededor de una semana. Se comenzó a pudrir por la boca el padre, antes incluso de morir.

El joven poeta me dio a entender que mis "méritos poéticos" son escasos. Creo que tiene razón.

Es placentero retirarse; se van apagando zonas seculares del "alma" para facilitar la ascesis. Aunque no haya hacia dónde. El puro anuncio le da sentido y la orienta.

Jueves, 22 de agosto

Lo más cerca que estuve ayer del Eje 8 fue el Eje 6. Crucé grandes avenidas pero me cuidé de no mirar a los automovilistas que seguramente me observaban. Iba yo cargando dos bolsas de estraza. Debo evitarlo.

Es buena por simple la regla de no usar la descripción del clima como inicio de un libro; su ejemplo más claro es el famoso *"It was a dark and stormy night"* que aporreaba Snoopy en su máquina de escribir, rodeado de Woodstock y otros pajaritos inspirados. La frase proviene de la novela *Paul Clifford* de Edward Bulwer-Lytton, publicada en 1830, y se sigue considerando como el peor comienzo de cualquier libro de la literatura inglesa. Pero Snoopy supo cómo darle la vuelta.

Otra vez cancelé. Mi cabeza no funciona cuando se aproxima la posibilidad de la poesía frente al podio. La voz no debe ser la de uno.

Voy a conocer a otro doctor. Es una nueva vocación.

El muchacho insiste en que cambie de país.

Mis referencias dejan que desear.

Al niño tzotzil maltratado por un funcionario de Tabasco le negaron la beca que le habían prometido. La razón que dieron otros funcionarios de Tabasco es que no hubo dinero. Tal argumento habrá confundido al niño tzotzil. No se dice nada en la nota del periódico acerca de la papelería que le iba a regalar la primera dama.

Apunte muy nocturno: hablé por fin con P. No despedazó ni quemó los cuadros de su padre: los "ahogó" en una palangana. Según él, con eso rindió tributo al futuro de las cenizas de su padre, arrojadas al mar en la costa de Guerrero.

Viernes, 23 de agosto

El otro doctor tiene un expediente de imágenes donde dos francesas se contorsionan en sus camas mientras una enfermera las observa con indiferencia profesional.

A una de las francesas se le voltean los labios hasta rozarle la nariz.

Sé que hoy la parte retorcida de mi cabeza chocó con su doble, el que le pone trampas con un abanico de caminos rectos y pide que seleccione uno.

Alguien me dijo que los nervios actúan como alambres sueltos en medio de un vendaval. Me impresionó la exactitud del comentario y la metáfora tan visual con los alambres y los chicotazos en medio de una calle donde hubo mucha gente cuando aún se entrometía la luz con las rayas blancas que dividen las vías de los coches.

Le pedí detalles a P. Le señalé, además, que ahogar los cuadros no era deshacerse de ellos: ¿qué hizo con los restos?

P. me explicó que primero retiró los marcos, luego juntó los lienzos y los sumergió en una palangana durante varios días. Los restos, ya como estopas, los aplastó con el puño y los metió en una bolsa de basura que se llevó el basurero.

Le aclaré que las cenizas de su padre al menos tuvieron un final misterioso en el mar.

—Y eso qué importa… Los cuadros ya no existen…

Mejor cambié de tema.

A fin de cuentas, no sé por qué me importan los malditos cuadros. Será por mi adicción a cierta narrativa en las biografías de mis más cercanos: aún no descubro secuelas descifrables en la vida de P.

En el *Códice Ramírez* de los texcocanos es triunfal el recibimiento de Cortés.

Los texcocanos del norte odiaban a los mexicas por haber apoyado al rival Cacamatzin, protegido de Moctezuma. Cortés se les presentó como un dios salvador y como el artífice de la venganza.

Según el *Códice Ramírez*: "Motecuzuma, por lengua de los farautes, le dijo [a Cortés] estas palabras: 'señor, seáis bien venido, descansad que en vuestra casa estáis, y regalaos, que todo lo que yo soy y tengo está al servicio de vuestro emperador… y asimismo, señor capitán, lo estaré al vuestro, y la parte del tesoro que yo tengo y heredé de mi padre, cada vez que quisiéredes está al servicio del emperador; y porque vendréis cansado por ahora no habrá lugar de más'".

Otro ejemplo de la célebre hospitalidad de los habitantes de mi país.

El cansancio de los conquistadores se revela minuciosamente en los *Naufragios* de Cabeza de Vaca.

Hoy veré a otras generaciones. Serán un buen ejemplo de coherencia para mí.

LUNES, 26 DE AGOSTO

Confundió cadáveres y crematorios la hija del hijo el viernes en la tarde. Unos se encimaron con otros, por esa manía de la hija del hijo de decir algo que sorprendiera a sus interlocutores que la miraron con impaciencia.

"La lógica debe cuidarse a sí misma." Con esa frase comienzan los *Cuadernos* de Wittgenstein.

"Todo lo que sea posible es también legítimo."

Nos recuerda por qué es absurda la explicación: "Sócrates es Platón". Así se va encarrilando el mundo hacia el caso que es en el *Tractatus*. (Detrás de una hoja azul se escondía mi ejemplar en inglés.)

Las metáforas también deben cuidarse a sí mismas.

MARTES, 27 DE AGOSTO

Leí en Wharton que hay gente que termina por ser convencional en su constante adhesión a lo no convencional.

Conozco a alguien así y creo que el padre de la hija (el hijo) era fiel a ese hábito que a la larga es tan monótono y previsible como su contrario.

Me desperté con el proyecto de pensar en un cuarto vacío. Aún no comienzo. Me distrajo la conversación amable sobre el lugar idóneo para ahorcarse, que en mi casa no existe.

Pensar en un cuarto vacío es un buen ejercicio. Un tío de la hija del hijo lo practicó durante su entrenamiento para ser piloto en la segunda Guerra Mundial. Cuando lo metían en una cápsula diminuta durante horas, imaginaba primero el cuarto atiborrado de muebles y libros y, poco a poco, lo iba vaciando. Fue su garantía de racionalidad; además dejaba abierta la opción de volver a llenar el cuarto y vaciarlo de nuevo hasta que lo sacaran de la cápsula.

El tío de la hija del hijo murió volando. Está enterrado en el mismo pueblo de Inglaterra donde se escondió Agatha Christie: Harrogate.

Según la amante de Wittgenstein, ya es pasado mañana.

Inquieta esa disposición del tiempo, aunque es totalmente cierto que cualquier día dos días después es pasado mañana.

Un conocido de la infancia me dijo que en Tokio la gente sonríe en los andenes justo cuando pierde el Metro. Es una forma de mostrarles a los otros pasajeros que no ignora que perdió el metro y lo acepta con bonhomía.

Los habitantes de mi país sonríen o se ríen cuando los sorprende la lluvia en la calle, aunque año tras año llueva siempre en la misma temporada. Mi hipótesis actual es que los habitantes de mi país no creen en la realidad.

Mientras veía una épica sobre dinosaurios el domingo, descubrí que ya no sé cómo se retoman las metáforas que mencioné pretenciosamente el viernes.

A diferencia de la lógica, estoy casi segura de que no se cuidan solas. En todo caso, serían imposibles sin esa base lógica que es precisamente la que se tergiversa o tuerce para que la metáfora funcione.

Pero eso de ningún modo importa. Se hacen metáforas de todas maneras. Habría que definir si ya están ahí o uno las construye. Desde mi ventana veo que la yedra es como un mosaico de tonos verdes; se podría plantear al revés: el mosaico de tonos verdes es como yedra cristalizada desde una ventana.

Creo que la lógica subyace en ambos ejemplos.

De aquí no se salta a ninguna parte.

En un libro de consejos se recomienda no morir los lunes.

También se recomienda no decir la verdad.

No entiendo por qué el libro junta las dos posibilidades: la verdad con la muerte los lunes, ni tampoco si todo cambia según el día.

Me doy cuenta leyendo los consejos de que me resulta más fácil dilucidar lo que no es que lo que sí es.

Alguien me va a corregir esa frase en algún pasado mañana distante. Me explicará por qué es confusa.

Hoy recuerdo con nitidez que el viernes grité varias veces en una fonda. Los comensales sopesaban su amor o su odio al pueblo alemán.

Repasé en mi cabeza las caras de los alemanes que he conocido, casi siempre mujeres.

Eran por lo general pacifistas y humanistas a un grado extremo, con lo cual parecían ingenuas y yo cínica.

Sin duda la tentación de acusarlas históricamente era excesiva.

Eran amantes de mis amigos; "buenas mujeres" me decían ellos.

En mi país encontraron once cadáveres decapitados en una fosa ayer o antier.

Las mamás en la foto se recargan llorando en una pared o se sostienen del brazo de un hijo.

Las conclusiones son retrospectivas. Se supo lo que había ocurrido desde un principio pero no se pudo revelar.

Cinco cristianos que iban en la expedición de Cabeza de Vaca "se comieron los unos a los otros hasta que quedó uno solo, que por ser solo no hubo quien lo comiese".

Los indios de la aldea lloraron cuando vieron la escena.

Mañana voy a buscar a P.

Miércoles, 28 de agosto

Nada correcto puede decirse en la filosofía. Cualquier propuesta filosófica es consecuencia de mala gramática.

A eso conduce el *Tractatus* de Wittgenstein, según Bertrand Russell.

Habría que incluir en la misma certeza el problema de la gramática. Cuando se decide con palabras que las palabras no son adecuadas se tiene que incorporar esa misma aseveración en la negación.

De todas maneras, sería tan fácil probar que la regla no es cierta que puede sospecharse que Wittgenstein bromeaba. Resulta más que posible declarar miles de mentiras con gramática perfecta.

Grecia es México y México es la capital de Italia son correctas gramaticalmente.

Habría tantos ejemplos más que uno comenzaría a sentirse como la alumna tonta (o boba, como ya me definieron) que no logra captar la broma.

Algo opinará la amante de Wittgenstein del asunto, aunque rara vez se refiere directamente a Wittgenstein. Su costumbre más constante es la digresión que, hasta cierto punto, acaba siendo la mejor puesta en escena del *Tractatus*.

Aunque no es un escenario sino el remolino de una cabeza.

Hoy contó acerca de la pistola que disparó contra los tragaluces de un museo para que el humo de su fogata tuviera salida; ayer, de cómo

Ruskin le exigía a su mayordomo que le anunciara a diario los crepúsculos justo unos minutos antes para que pudiera contemplarlos.

Coleccionaba atardeceres Ruskin.

No se ven desde mi ventana.

Los recuerdos de la amante parecen formas del futuro.

Eso cae bajo el rubro de las paradojas.

Algo habrá pensado Wittgenstein de las paradojas.

En el prefacio al *Tractatus* pone por delante la futilidad de su propia hazaña: "Creo haber encontrado la solución definitiva a todas las cuestiones esenciales. Y si no me equivoco con esta creencia, entonces la segunda cosa en la que consiste el valor de esta obra es que muestra cuán poco se consigue cuando se solucionan estos problemas".

Lo que no se consigue es todo lo demás.

De ahí que la amante de Wittgenstein se vaya por las ramas.

No creo que exista un mayor homenaje al libro: afuera del mundo que es el caso, está el mundo que cada uno dispersa o recuerda.

Tendré que preguntarle a mi amigo el filósofo. Quizás el año que viene.

Pero mientras le rendiré pleitesía a la amante. Ella me protege de las amenazas de cualquier sistema.

También le preguntaré al joven poeta, que me sigue regañando por no estar al día y luego se burla cuando intento estarlo.

¿Al día de quién?

En mi país de nuevo hay disyuntivas dramáticas en las que ponerse de cualquier lado resulta incómodo o inmoral.

Me advirtieron durante el desayuno: el silencio tampoco es la vía.

La única vía, al menos hoy, será abstenerse de cruzar ciertas fronteras de la ciudad.

El Eje 8 no estará bloqueado.

JUEVES, 29 DE AGOSTO

Hablé con P. anoche.

Me dio más detalles de la destrucción de los cuadros de su padre. Él la llama "metamorfosis".

No me había dicho que no tiró todos los restos en la basura, sino que guardó los de sus cuadros preferidos para reciclarlos en un "teatro quietista".

Así dijo.

Compró un marco grande, lo colocó en el piso, encima extendió una sábana vieja y manchada, la clavó al marco y, con pegamento, dispuso los restos.

Los embadurna o los hace bola. Depende de lo que esté pensando o recordando exactamente en ese instante.

Se trata de que la velocidad de lo espontáneo se atore con la materia lenta.

¿Para qué?

No sabe y de eso se trata: cada definición se generará de acuerdo con la atmósfera en la que existe.

Cambié de tema.

Le mencioné las marchas en la calle que se acercan a nuestras casas.

Le hablé de mi tobillo.

Ya empieza a coincidir con el de la amante de Wittgenstein.

A P. no le gusta que la mencione.

Me sugirió que me acostara.

Me despedí dándole la razón en todo.

Me gusta hacerlo cada vez más seguido: es una prueba de serenidad.

Se llamaban Sierra, Diego López, Corral, Palacios, Gonzalo Ruiz los que se comieron unos a otros en el peregrinaje de Cabeza de Vaca. Se omite el nombre del único que sobrevivió.

Cabeza de Vaca anduvo seis años en esas tierras "desnudo como todos andaban".

Se topó con tribus de charrucos, quevenes, mariames, yguases, anagados, avavares, camones.

Los mariames (o mareames) mataban a sus hijos si eso les dictaba un sueño "y a las hijas en nasciendo las dejan comer por perros y las echan por ahí".

Si hacía falta reforzar a la población casaban a los hijos con las mujeres de otras tribus.

Las hijas eran peligrosas porque podían procrear enemigos.

K. opina lo mismo.

Viernes, 30 de agosto

En vez de día hubo noche y la sensación de no distinguir las formas en la calle con claridad.

Iba a establecer una lista de metáforas para no perder el hábito, pero la memoria de las metáforas anteriores me puso en guardia. Además, persiste el problema de que la memoria aún no es mía.

Alguien me habló largamente de la revolución que viene. Sospecho que llegó a esa conclusión a solas en su casa, donde nadie lo desmiente.

Septiembre

Lunes, 2 de septiembre

Se me perdió la palabra *notario* el sábado y tuve que sustituirla por *contador*, aunque no fuera exacta.

Anoche pensé en el niño cuya mamá le sacó los ojos con las manos. Imaginé su cuarto antes de dormirme.

El viernes cenamos en el rincón de la sala de una casa y comentamos el paradigma de acabar siempre en un rincón.

Había personas profesionales debatiendo de pie.

Las lagunas en mi cabeza son charcos amables de lejos, pero cuando me acerco y busco mi cara en la superficie, no hay nada.

Creo que eso también es un paradigma.

A Cabeza de Vaca los indios lo convirtieron en curandero. Le decían que estaban muy enfermos y le pedían que les diera la bendición.

Bastaba con eso para que los indios mejoraran instantáneamente.

Comían perros como los antepasados de mi país, aunque se pasaban la mayor parte del tiempo con hambre. Los niños, por ejemplo, crecían mamando hasta los doce años para evitar que murieran de inanición durante los periodos en que la comida era escasa.

Cabeza de Vaca no albergaba dudas acerca de la posteridad de sus *Naufragios*. Su descripción de las costumbres de los indios está escrita como un informe oficial para España y el emperador, por más que se lea como un registro delirante, sin rumbo.

Ya apareció el personaje de Mala Cosa; muy chaparro; era difícil verle la cara por las barbas. Los indios le tenían miedo porque "aquel hombre entraba y tomaba al que quería dellos y dábales tres cuchilladas grandes por las hijadas con un pedernal muy agudo… y metía la mano por aquellas cuchilladas y sacábales las tripas, y… cortaba de una tripa poco más o menos de un palmo y aquello que cortaba echaba en las brasas…" Al final, después de acuchillarles un brazo a sus víctimas, colocaba las manos sobre las heridas y sanaban.

A veces venía vestido de mujer.

Mala Cosa ha de ser el enano contrahecho de la película, que convirtió su imagen en el centro de la aventura, lo cual no sucede en los *Naufragios*.

Hoy dije no a todo lo que ya había aceptado.

También es un paradigma.

MARTES, 3 DE SEPTIEMBRE

La amante de Wittgenstein mencionó algo extraño: a Herodoto se le conoce como el primero en escribir historia real; ella será la última.

Por eso le urge atar cabos.

Contarlo todo de una vez.

Seguramente Herodoto nunca imaginó que terminaría el dominio de los griegos; ese final no era concebible.

También contó la amante que Wittgenstein cargaba su clarinete en un calcetín viejo, y que alrededor de los setenta y cinco años, Miguel Ángel escribió que la única manera de conservar la cordura y librarse de la angustia era estando loco.

P. me ha dicho que la locura nunca es una solución, salvo si se observa desde afuera.

P. jamás está afuera; sólo en ocasiones cuando hablamos por teléfono.

El asunto de las metáforas me desconcierta. Ya no sé cómo leer poesía. ¿De dónde voy a sacar los bosquejos?

Mi diccionario de poéticas no sirve.

Sus ejemplos poseen tal prestigio que yo no podría irrumpir en esa tradición.

La lista es larga.

En todos los casos se evita el facilón *como* al que yo me apego de modo rutinario y ciego.

Aunque *ciego* es una metáfora y no usé el *como*.

Ignoraba, por otro lado, que *mesozeugma* y zeugma son lo mismo: "construcción que consiste en manifestar una sola vez y dejar sobreentendidas las demás veces"; es decir, una elipsis.

Estoy citando demasiado.

En la noche con mi cigarro oí la risa de la vecina; no me dio la impresión de que fuera la risa de una mujer vejada.

Semanalmente el vecino le grita: "Cállate pendeja, chinga tu madre".

La voz de ella apenas se escucha. La tele siempre está encendida.

Los sábados él baja a lavar su coche. Usa cachucha.

La vecina trae tubos en el cabello cuando sale con su perro, que la jala por la banqueta.

Tengo que contarle a Muff que varios caballos se escaparon de la camioneta que los transportaba a sus establos. Hubo embestida, coches abollados y caballos heridos, según el periódico.

Voy a investigar los datos.

MIÉRCOLES, 4 DE SEPTIEMBRE

La amante de Wittgenstein le escribió a Helena de Troya un mensaje en griego con su palo en la arena.

El griego lo inventó. Según la amante, Helena probablemente no se llamaba Helena.

Sospecho que la amante comienza a despedirse, con sus papeles y cuadernos y máquina de escribir. Le voy a rogar que se quede, si no ¿con quién voy a hablar?

Con P. es imposible, cualquier plática desemboca en pausas que él considera esenciales; con el joven poeta, debo elaborar teorías y plantear preguntas capciosas para presumir algún recoveco sorpresivo de la "lucidez" y ver si él me palomea o me reprueba, y con la hija del hijo me convierto en público: la escucho recordando y luego no la escucho.

Con Muff aún no sé por dónde comenzar.

Los caballos, por cierto, salieron disparados por avenidas, saltaron por encima de un taxi y se lastimaron. Los agentes que los tienen amarrados se están riendo en la foto.

No se lo contaré a Muff. Ya la obsesión con su yegua calcinada es suficiente. Repasa una y otra vez la historia: cómo la atraparon, la amarraron a una estaca y le prendieron fuego. Los gritos de la yegua aún son grietas en su cabeza; ahí se atasca cualquier viaje.

¿Y mi civilización de seis personas? No encuentro a las personas o las cambio a cada rato cuando decido que una civilización no toleraría ese conjunto de excentricidades.

Tiene que haber un equilibrio entre las caras y los nombres. La silla vacante tendrá su importancia.

Anoche terminé los *Naufragios*.

Antes de encontrarse por fin con los "otros" cristianos, Cabeza de Vaca atravesó un pueblo donde los indios le regalaron más de seiscientos corazones abiertos de venado.

Al pueblo le puso sensatamente De los Corazones.

Los "otros" cristianos encadenaban y esclavizaban a los indios. A Cabeza de Vaca no lo reconocieron al verlo "tan extrañamente vestido y en compañía de indios".

Convenció a los "otros" cristianos de que dejaran a los indios regresar en paz a sus pueblos. Los "otros" asintieron, pero tan pronto partió Cabeza de Vaca volvieron a esclavizarlos o a matarlos.

Por tradición.

Mis supersticiones me obligan a repetirme: no habrá ninguna cercanía hoy con el Eje 8.

Quizá mañana retome el tema de las metáforas.

Dudo de que Wittgenstein hubiera escrito sus *Cuadernos* o el *Tractatus* de haber vivido en mi país, donde no podría afirmarse que la forma de la realidad es una forma lógica.

Cuando leo: "si un hecho ha de ser un cuadro, debe tener algo en común con lo que representa", pienso en la pintura, no en la filosofía.

Cuadro es una metáfora. Ayer, escuchándome hablar, noté que uso metáforas a menudo, pero son del idioma, no mías.

De nuevo oí a los vecinos mientras fumaba: él le gritó "Te quiero chupar las chichis"; luego se oyó la risita de ella y los ladridos del perro.

Chichis es sinónimo, no metáfora.

Las aliteraciones involuntarias son latosas, como las rimas.

En 1186 barcos se dirigieron los griegos hacia Troya, según Homero. No lo cree la amante de Wittgenstein, que da la cifra de veinte o treinta barcos, a lo mucho.

A fin de cuentas, añade, Troya habrá sido del tamaño de cualquier cuadra ordinaria de nuestras ciudades, con construcciones de apenas unos cuantos pisos.

Yo estuve en Troya el año pasado. Pero nunca hablo de eso.

¿Cómo podría introducirlo en una conversación?

Ya me imagino las miradas.

Además, no hice gran cosa en Troya.

Sugiere la amante de Wittgenstein que Eurípides fabricó la leyenda de que Helena fue la causa de la guerra. Seguramente, aclara, el conflicto surgió por un problema de tarifas.

Las especulaciones de la amante son luminosas. Muy de vez en cuando se me ocurren algunas semejantes. Quizá las apunte.

VIERNES, 6 DE SEPTIEMBRE

Si me pongo a pensar en el pensamiento, se borra o se esconde.

Por cierto, el "algo" de la cita de Wittgenstein le da permiso a lo restante de no tener nada en común con lo que representa el cuadro, y eso facilita las opciones para que el caos siga existiendo y nosotros dentro de él.

De algún modo, es un alivio.

Además, Wittgenstein ya dejó claro que se resuelve muy poco en el *Tractatus*.

Intenté leer poemas hoy en la mañana y me di cuenta de que perdí la coordenada o la indulgencia que me permitía transitar por los versos con normalidad. No puedo contárselo al joven poeta; me insinuará que esos falsos problemas ya los obvió la vanguardia más reciente.

Debo señalar que la dislocación sonora no me ocurre con la poesía barroca. Lo cual me abre un camino de retorno.

Aunque los poemas que lea suenen leídos por alguien más.

Volví a los antepasados de mi país. En la crónica de Diego Durán, texcocano convencido, Moctezuma fue aún más cruel que en otros relatos. Comía carne humana a diario, "para lo cual tenía muchos esclavos, y cada día mataba o mandaba matar uno, para comer él y sus convidados o los continuos de su boca. Y esta era la mayor pitanza o potaje que él tenía a su mesa".

Paz usa la palabra *pitanza* en *Pasado en claro*.

LUNES, 9 DE SEPTIEMBRE

La hija del hijo descubrió hace algunos años que un pretendiente que ella recibía en la adolescencia junto a su casa, en la banqueta, estaba en realidad enamorado de la otra hija del hijo.

Tuvo que cambiar algunas minucias de su historia personal para evitar ese dato incómodo, pero logró por fin deshacerse de la culpa que sentía por haber maltratado tanto al pretendiente.

En una ocasión, en esa banqueta, el vecino de las guerras caseras le dio un puñetazo al pretendiente.

Y ese mismo vecino y su familia rompieron las ventanas de la casa de la hija del hijo una madrugada.

Comenzó vagamente la época de los desenlaces.

Voy a concentrarme en los detalles. Debo recordar lo que dijo un amigo que sabe alemán sobre el "caso" del primer inciso de Wittgenstein en el *Tractatus*. Según él, la traducción es imprecisa, lo cual complica aún más el mundo que equivale al "caso".

MARTES, 10 DE SEPTIEMBRE

La amante de Wittgenstein argumenta hoy a favor de Clitemnestra: si Agamenón sacrificó a Ifigenia, la hija de ambos, para que soplaran vientos favorables a sus naves en el viaje de Grecia a Troya, ¿por qué tendría que perdonarlo Clitemnestra?

Agamenón, por si fuera poco, tenía concubina, Casandra, hermana de Paris.

También la asesinó Clitemnestra, junto con Agamenón en una tina, según la amante de Wittgenstein.

Seguramente Casandra se lo predijo a Agamenón mientras se enjabonaban, pero como nadie creía en sus profecías, Agamenón la ignoró.

Hay que añadir a la discusión que Clitemnestra tuvo novio, Egisto. No era, pues, tan inocente.

En términos más generales (o hasta banales), se podría plantear la hipótesis paranoica de que siempre hay una concubina visible o invisible merodeando alrededor de las parejas. Como la invitada en la novela de Simone de Beauvoir que a fuerza de amabilidades y presencia impecable sustituye a la novia oficial del personaje.

En mi recuerdo de la novela, la invitada es amiga de la novia y en todo momento está en el lugar indicado. Es comprensiva con la novia; a ella la novia le confiesa los reclamos tácitos que no se atreve a hacerle al novio; pero por encima de las confesiones, la invitada es cómplice del novio: le sonríe furtivamente y le insinúa que ella no haría las cosas terribles que hace la novia.

Los paranoicos padecen el síndrome de Casandra.

Voy a hablar de esto con P. Él pertenece a esa secta, aunque no creo que sepa quién es Casandra. No ha leído casi nada. "Me dedico a leer mi propia mente", ha declarado con soberbia.

Lo vi desde lejos ayer caminando por una avenida como a las dos de la tarde. Miraba el suelo. Es su forma de excluir a la realidad. Así no tiene que pensar en ella cuando se vuelva a encerrar en su cuarto.

Su manera de absolverla es paranoica.

Miércoles, 11 de septiembre

Los texcocanos fueron protagónicos en la *Historia de Indios de la Nueva España e islas de la tierra firme* de Diego Durán.

Por ejemplo, quien visitó el palacio de Moctezuma para avisar de las señales que anunciaban el fin de su reino fue Nezahualpilli, rey de Texcoco. Llegó al palacio un día en que Moctezuma andaba "muy descuidado… y haciéndose las cortesías ordinarias el uno al otro, se entraron juntos al recogimiento y secreto donde siempre Motecuzoma estaba…"

Nezahualpilli mostró tacto al resumir las consecuencias de las señales: "mucho quisiera no inquietar tu ánimo… de aquí a muy pocos años, nuestras ciudades serán destruidas y asoladas; nosotros y nuestros hijos, muertos, y nuestros vasallos, apocados y destruidos. Y de esto no tengas duda".

Los dos acabaron llorando, como era costumbre.

Hoy es muy posible que me acerque al Eje 8.

Jueves, 12 de septiembre

El templo de la diosa *Toci* estaba en Tepeyac, donde los españoles clavaron la primera cruz antes de abandonar la Ciudad de México en la Noche Triste.

Los de *Huexotzinco* incendiaron el templo una noche para castigar a los mexicas que habían sacrificado gente de su pueblo. En la mañana quedaban sólo cenizas y rescoldos. Enfurecido, Moctezuma metió en jaulas a sus sacerdotes por haberse dormido y haber descuidado los templos: "fueron presos y echados en unas jaulas, llenas de navajas pequeñas, o de pedazuelos de navajas, de que mandó cubrir el suelo… hasta que muriesen, estuviesen y durmiesen en ellos". Se les dio apenas de comer.

Luego los aztecas se prepararon para la guerra contra los de *Huexotzinco*. La ganaron sin el menor problema y, una vez más, hubo numerosos prisioneros para sacrificios. A algunos los desollaron y durante cuarenta días se cubrieron con sus pieles y salieron a pedir limosna de casa en casa.

A los astrólogos y hechiceros también los mandó matar Moctezuma por no haber descubierto el cometa en el cielo, una de las señales que anunciaba el fin de su reino.

Moctezuma vio el cometa desde un mirador en una azotea, cerca de la medianoche, y se acordó de las palabras de Nezahualpilli.

En cada templo de la ciudad, cuenta Durán, había "un indio que representaba siempre la semejanza del dios… El cual estaba en un particular aposento, sentado, donde como al mismo dios o ídolo era reverenciado y servido…"

Fue uno de estos jóvenes, el semejante a Huitzilopochtli, quien avistó el cometa cuando se levantó a medianoche "a cosas necesarias de su cuerpo".

Al día siguiente, acudió al palacio para describirle su visión a Moctezuma.

Trataré de pensar en alguna salida para mi cabeza.

La amante de Wittgenstein ya está imaginando plena concordia entre Clitemnestra, Orestes y Casandra: visitan los tres a la tía Helena, quejumbrosa y solitaria junto a su esposo Menelao; le llevan regalos, incluso tal vez un gato.

Tendría que relatarse esto en la *Odisea*, pero allí no hay gatos, sólo un perro, recuerda la amante, el de Odiseo; fue el primero en reconocer a su dueño cuando regresó a Ítaca. Luego el perro murió.

Dice la amante que la ausencia de un gato confirma que una mujer no escribió la *Odisea*, como sugirió Flaubert, pues una mujer habría incluido un gato para Helena.

Ayer me aproximé al Eje 8. Vi una columna de humo y varias grúas. Señores con cascos miraban la punta de un árbol en frente. El humo extrañamente no se esparció. Me desvié hacia Gabriel Mancera.

Los semejantes a los dioses en los templos "se abstenían de llegar a mujeres" por un año.

A Durán no le parece suficiente.

Viernes, 13 de septiembre

En mi ciudad hay barrios donde los habitantes vadean en aguas negras y reciben sándwiches de parte de las autoridades.

En las aguas negras flotan o se hunden sus pertenencias.

Hay lanchas para transportarse.

Ya no me conviene hablar con el joven poeta. Ayer le conté de mis dificultades para escribir incluso bosquejos de poemas y manejar con un mínimo de naturalidad el asunto de las metáforas sin toparme con el obstáculo de las definiciones en mi diccionario.

El joven poeta me miró oblicuamente y, sin el menor comentario, pasó a describirme los detalles de sus poemas. Al final, condescendiente, me explicó que las metáforas de ahora no parecen metáforas.

El enigma le resultó muy satisfactorio. Nos despedimos. Yo le deseé un buen fin de semana. Él ni siquiera eso.

Mi crónica de viaje será la del viaje fallido de Moctezuma, cuando intentó huir de su reino para esconderse en una cueva, acompañado de sus enanos y corcovados.

Y si algún día lo consigo, a mis bosquejos de poemas les sobrará forma; así demostraré que son imposibles.

Hoy planeo dar vueltas en un óvalo, quizá de la mano de una adolescente.

LUNES, 16 DE SEPTIEMBRE

La adolescente se cortó su larga trenza. Tuvimos que posponer las vueltas por el óvalo (figura de la que era devoto el señor Bermúdez).

Conocí el sábado en una reunión a un pequeño empresario (como les dicen en la prensa y en los discursos). Tiene una granja de gallinas ponedoras. Antes trabajaba en una oficina de gobierno, pero decidió independizarse.

Sus gallinas ponen huevos de cáscara muy delgada, lo cual no le permite competir adecuadamente. Lo escuché con cierta atención y luego me alejé con el pretexto de ir al baño.

Si Kharms hubiera contado esta experiencia, el resultado habría sido momentáneamente cautivador. Quizás el dueño de la granja habría ahogado a la mayor parte de las gallinas en un cubo enorme de agua y se habría quedado con unas cinco metidas en su pequeña casa junto a la cama. Les habría puesto nombres y con eso terminaría el relato muy breve sobre la vida del granjero y sus gallinas.

Y yo volvería a postergar mi lectura del libro de Kharms.

El vecino le dijo en la mañana a la vecina: "Te gusta señalar la caca... sí, claro, ponte a llorar... ahora falta que empieces con tus gritos". Apenas pude oír los gemiditos de ella. Creo que ahí se detuvo la pelea.

Hoy pasaron seis veces los aviones en formación.

Martes, 17 de septiembre

Ayer resumí la historia de la piedra de Moctezuma.

Para la gran ceremonia de los desollamientos Moctezuma resolvió que quería una piedra de sacrificios más grande que la heredada por su abuelo.

Envió a los canteros a buscarla; iban también sacerdotes con codornices y papeles, cantantes y bailadores que estarían celebrando a lo largo del trayecto de vuelta a la capital azteca.

Hallaron una piedra enorme cerca de Chalco. Intentaron moverla pero se rompieron todas las sogas. Al cabo de numerosos intentos, por fin la piedra se dejó mover. Alrededor de ella se bailaba y cantaba mientras que los sacerdotes cubrían la superficie con papeles y sangre de las codornices.

En algún punto la piedra comenzó a hablar: el imperio llegaba a su fin y ella nunca se quedaría en Tenochtitlán.

Cuando finalmente entraron a la ciudad la piedra rodó y cayó en uno de los canales más hondos; no pudieron ya sacarla.

Los canteros regresaron a la zona donde la habían encontrado: ahí estaba la piedra, en el mismo lugar.

Para entonces mi interlocutor me oía con tedio, parpadeando casi ruidosamente.

Rematé con velocidad y él comentó: "Mmmh… linda anécdota…", y volvimos al tema de la comida.

Miércoles, 18 de septiembre

Ya no sirven los timbres.

Le he hablado varias veces a P. y le he dejado mensajes en su máquina, pero aún no se comunica.

Tendré que empezar por la primera pregunta: ¿cómo se escribe un poema?

O incluso tendré que plantear la pregunta en términos más radicales: ¿escribía yo poemas?

No veo otra solución.

Hoy no habrá disyuntivas con los ejes.

Jueves, 19 de septiembre

Los caballos, aun los del general, están exhaustos; llevan tres meses en batallas, sin un solo descanso.

Muff insiste en que le dé más detalles: ¿cuántos caballos, de qué color, les dan agua, y cada cuándo?

Le respondo que no sé nada.

En el año 1000 antes de Cristo las semanas eran distintas, aunque en esa zona no hubiera Cristo, ni santos o ángeles.

Le explico que así ocurre a veces.

Muff ya no quiso seguir conmigo.

Me puse a pensar en la mujer de piel muy blanca que fue cortesana en otra época.

"Blanca, blanca", repiten las personas ya por rutina.

Se casó con un tipejo que salía a emborracharse y la dejaba sola durante días en la casa.

La mujer aprende el arte del origami en una pantalla y luego tira sus piezas de papel en una bolsa de plástico.

En el siglo CXL antes de Cristo, las manos inquietas hacían otras cosas; juguetear con hilos sueltos o limpiar los pisos de madera con una tela áspera.

Eso creo, al menos.

Según la canción del río, su música sube hacia el sol y la luna, pero costaría trabajo demostrarlo; entre una luz y otra, los sonidos se mezclan y no es fácil distinguirlos.

Me cuenta un amigo que en el siglo IX antes de Cristo, el cielo por alguna razón teñía el agua de ese río; le aclaro que aquí ya no se habla del cielo con esas palabras ni tampoco de los ríos. Pero que se pueden comprar sinopsis.

A Muff el asunto de los caballos la tiene en un trance y se la pasa mirando la pared en su recámara; quitó los pocos cuadros y un espejo pequeño que había colgado para que no hubiera nada que la distrajera de las siluetas heridas de los caballos que ella iba imaginando uno por uno.

Me lo dijo en la noche por teléfono.

No le voy a enseñar las fotos; en una se ven llagas en el lomo de uno de los caballos.

Los poemas están en *Cathay* de Pound.

Ya se me había olvidado.

En la madrugada repasé a los seis miembros posibles de mi civilización y descarté a cuatro. Buscaré sus reemplazos.

Viernes, 20 de septiembre

Por fin se comunicó P. conmigo. Me contó de un nuevo experimento: acostado en la cama o sentado en un sillón de su sala, estuvo mirando dentro de su cabeza durante varios días, de las 11 am a las 12:30 y de las 6 pm a las 7:30, hasta que logró calcular la forma exacta de su persona (no su "yo", en eso no cree) y se puso a reconfigurarla; el rectángulo sería sustituido por un triángulo.

Le pregunté cuál era el sentido del experimento y me contestó que las tres puntas del triángulo le convenían más para el método que estaba inventando.

Fue todo lo que me quiso decir. Hablamos de la lluvia y del lodo y de una prima lejana que vendría a la ciudad.

No quedamos de vernos.

La hija del hijo imaginó una escena de su futuro, mientras el hijo ordenaba monedas por tamaños en su escritorio.

A veces se le oía carraspear.

En la escena la hija del hijo comería con tres amigos y, sin querer, diría algunas frases sin sentido: "hielo con mucho vaso", "comida sin plato"; uno de los amigos (o amiga, más bien) se burlaría de la hija del hijo y luego otro amigo y la amiga se pondrían a hablar exclusivamente entre ellos, muy emocionados los dos por sus conocimientos.

Mencionarían nombres de gente famosa con rapidez y la brecha se iría abriendo como una alberca.

A la hija del hijo le gustan las albercas; comenzó a fabricarlas afuera y adentro ahí sentada en su silla.

De repente se paró al baño: ¡la ruptura por fin!

Los amigos tienden a darse la razón.

En la escena la hija del hijo se subiría a un taxi. A los tres amigos ya les urgiría que se fuera.

Tal vez deseaban hablar de su comportamiento.

Me comenta la hija del hijo que la escena aún no sucede, pero que ocurrirá muy pronto.

Ya dice frases al revés en su casa.

La amante de Wittgenstein sigue con sus obsesiones homéricas. Clama ahora que existe un cuadro de Pinturicchio donde Penélope aparece con un gato y que, seguramente, no fue Casandra la que le regaló un gato a Helena, sino la propia Penélope.

Añade que Rembrandt tenía un gato, gris y tuerto. Se llamaba Argos, nombre del perro de Odiseo, lo cual es injusto, según ella.

Dudo de que Wittgenstein aprobara tantos gatos y tantas divagaciones inútiles.

Pero a la amante no le importa; vive sola en una playa y hay épocas en que no sabe si la ventana que recuerda es la suya o la de su vecino o en qué casa y piso de la casa vio el volumen de la biografía de Brahms o el libro sobre el pasto falso en los cuadriláteros de béisbol.

Nunca es una opción el vacío.

Supongo que en sus encuentros, Wittgenstein la escucha con indulgencia; su método en el *Tractatus* no puede tambalearse, pues excluye todos los contenidos que no son el caso.

Los recuerdos de la amante empiezan a inmiscuirse con los míos. Prefiero los suyos a los míos.

Nada de esto es romántico; podría ser lógico, pero no percibo un cuadro en los recuerdos de la amante, sino sólo quizás un círculo.

Wittgenstein nunca aceptaría el triángulo de P.

Esa forma no es donde uno piensa.

MIÉRCOLES, 25 DE SEPTIEMBRE

Después de la masacre en el Templo Mayor, los mexicas resolvieron traer a ancianos y hechiceros de las provincias como parte de la guerra contra sus enemigos:

"Y así, cada noche, procuraban mostrarles visiones y cosas que ponían espanto: una vez veían cabezas de hombres, saltando por el patio; otras veces, rodar cuerpos muertos; otras veces, veían y oían aullidos y gemidos…"

Durán se confunde y coloca a Cortés en un sitio protagónico en la masacre.

No entiendo por qué he decidido señalar esta confusión.

Por pretenciosa, seguramente.

Los amigos son fantasmas.

Ayer escuché la voz de uno; algo acerca de sus triunfos no interpretables.

Si vuelvo a *Cathay* me resultará casi imposible hacer algo después.

Prohibido arrancar las flores en el jardín a orillas del río.

Me lo ordenó un fantasma estricto.

Hubo una anomalía anoche a las tres de la mañana. La voy a investigar. Tiene que ver con la hora de los aviones; tan pronto oigo el motor de uno, comienzo a esperar el siguiente.

Me hice bolas con el vacío y con Wittgenstein. O la amante se fue enredando conmigo.

Wittgenstein no menciona jamás el vacío. Se concentra únicamente en el cuadro; puede ser verdadero o falso, lo cual sólo se comprueba comparándolo con la realidad.

Supongo que la realidad es el cuadro del mundo.

Supongo que allí vivimos la amante de Wittgenstein y también yo.

"No hay pensamiento ilógico en el mundo porque, para que lo hubiera, habría que pensar ilógicamente."

No queda claro si es una orden o un descubrimiento o un consejo.

Le preguntaré a mi amigo filósofo algún día.

Me inquieta la prima de P. ¿De dónde habrá salido? Es difícil imaginar a P. con parientes, salvo el papá muerto y detrás, por necesaria, una mamá que se mueve sólo si hace falta una sombra.

Ha de ser un pretexto; las primas y los primos desempeñan a menudo ese papel.

Según la amante de Wittgenstein, Rembrandt y Spinoza se saludaban en la calle o en alguna tienda, donde uno de los dos compraba cigarros.

Ella sigue indignada con el nombre de *Argos* para un gato.

No entiendo por qué; sólo la gente que ha leído a Homero puede saber que fue el nombre de un perro; de otro modo, es un nombre entre muchos.

Un amigo alemán le puso *Ratón* a su gata, lo cual es mucho peor.

Las digresiones son un gran recurso.

Anoche oí un leve campaneo en mi oreja. Se mezcló con el paso de los aviones.

No hubo Eje 8 ayer.

Viernes, 27 de septiembre

En el país de la revolución, la hija del hijo dejó de dormir durante semanas.

Intentó suicidarse con aspirinas. Era un domingo. Muy mareada visitó cafetales con un escritor revolucionario.

Había jóvenes de secundaria ayudando a los campesinos.

En el país de la revolución, la hija del hijo entendió que la poesía desempeñaba una tarea cívica.

San Juan de la Cruz se convirtió entonces en la única intemperie sin consignas o aplausos.

La hija del hijo se sentaba en la banqueta, junto a las coladeras, para esperar a que saliera de ahí alguna iguana.

P. me habló al mediodía. Va a tomar clases de baile. Leyó en alguna revista que tres cosas sirven para prevenir la demencia precoz o el Alzheimer: el ejercicio, la meditación y aprender algún idioma. P. suele presumir su dominio de varios idiomas gracias a sus dotes intuitivas. Nunca lo he podido comprobar.

Ha optado por el baile, aún no sabe cuál. Lo aprenderá en su casa a solas, con algún instructivo.

LUNES, 30 DE SEPTIEMBRE

Caminé de un lado y del otro de la banqueta el viernes, como si tuviera algo que hacer cuando en realidad sólo intentaba matar el tiempo.

Ir alternando de lados dio quizá la impresión de que me sucedía por única vez, en caso de que alguien me estuviera viendo. Podía pretender, además, que en cada ronda inauguraba otra experiencia. Lo cual es cierto; incluso el modo de percibir la repetición no fue nunca el mismo; tampoco el miedo o la vergüenza.

Antes, en la comida, una mujer me explicó cómo se consigue pensar en nada; primero, se recorre cada parte del cuerpo internamente, de los pies a la cabeza, con los ojos cerrados; luego, se repite una palabra secreta y, finalmente, se deja que todo fluya. Las otras mujeres la interrumpían.

Con las opiniones se olvidan los modales.

Tengo un amigo al que le sucede siempre; también un poco al joven poeta.

OCTUBRE

MARTES, 1 DE OCTUBRE

La amante de Wittgenstein les escribió cartas a varios famosos: Heidegger, Churchill, Picasso, la reina de Inglaterra, Marlon Brando, Stravinski.

No cuenta el contenido.

En la época inicial de Rapallo, Pound comenzó a hacer lo mismo y ya nunca se detuvo. Le acabaron importando más sus cartas que sus poemas. A Roosevelt le envió varias. En alguno de sus últimos viajes a Estados Unidos aceptó leer poemas en alguna universidad a cambio de una cita con Roosevelt.

No fue posible conseguir la cita, pero queda la grabación de la lectura estentórea de sus poemas.

El señor Bermúdez también envió cartas: a Mitterrand, Carlos Fuentes, Paz, el alcalde de Nueva York.

Jamás recibió respuesta (tampoco la amante de Wittgenstein ni Pound). Pero la espera fue ya una actividad cotidiana para el señor

Bermúdez y le otorgó un pretexto para sentarse horas en la sala esperando el silbato del correo.

En *Cathay* el polvo de ella se hunde con el polvo de él. Se oyen los gritos de tres changos. Uno es manco. ¿De dónde vinieron?

"Me lastiman. Envejezco." Eso dice acerca del pasto la esposa del comerciante.

Un amigo me asegura que el pasto es un recuerdo y nunca el pasto.

Le gusta su frase. Dice que la va a anotar en un cuaderno.

No logramos resolver la crisis de la paloma anoche; sigue oculta debajo de la cama.

Una paloma y una corneja no se parecen en nada.

Kafka es corneja en checo.

Hay que suponer que la paloma nos teme tanto como nosotros a ella. No hemos querido asomarnos. Seguramente se distinguirían sus ojos si alzamos la colcha.

De todas formas la zona debajo de la cama suele perturbar; algo se puede meter ahí mientras uno duerme.

Si la paloma zurea significa tal vez que ya se acomodó en la penumbra.

¿Dónde está el gato?

Se avecina una época de distorsiones; les avisaré a las personas que aún se acercan.

Miércoles, 2 de octubre

Me quedaré en la cama.

Comenzó el episodio a las 7:15 de la mañana: apenas medio minuto, hueco sin imágenes.

Lo agradecible vino después, aunque la memoria se reconstruya con dificultad.

Hasta ahora, no he vuelto a oír a la paloma.

Jueves, 3 de octubre

En realidad la amante de Wittgenstein mandó copias de la misma carta a toda esa gente célebre. El tema era qué nombre ponerle a su gatito a punto de ser gato.

Los asuntos de Pound y el señor Bermúdez giraban en torno a "cuestiones" más urgentes (y paranoicas o histéricas, también): la paz o economía mundiales, la arquitectura de las nuevas ciudades, un ejército y gobierno para todas las naciones.

La carta de la amante habrá sido simpática, curiosa. ¿A quién –salvo a los verdaderamente antipáticos– no le gusta sugerir nombres de gatos o de perros?

El señor Bermúdez escribió una carta sobre la Virgen de Guadalupe. Creo que proponía retomar la adoración de Coatlicue.

Voy a observar cómo los poetas hacen sus poemas; no mirándolos a ellos, claro, pues ahí tendría material de otro tipo: cómo se construyen las personas, los egos, la incapacidad de hablar más que de sí mismos.

Eso no les ocurre sólo a los poetas; sorprende cuando le pasa a un amigo.

Necesito examinar poemas. He notado que los versos parecen apuntalarse bien y que no hace falta que importen para que el conjunto de versos sea un poema.

Lo cual es bueno, supongo.

Para la comunidad, quizás, y para la poesía.

VIERNES, 4 DE OCTUBRE

El Salto de Alvarado fue donde saltó Alvarado: "escapándose como pudo, con una lanza que tenía, hincando el regatón en los cuerpos de los muertos que en la acequia estaban, saltó de la otra parte de la acequia, y este es el nombrado 'Salto de Alvarado', que dicen".

Es posible que la mayor parte de los habitantes de mi país lo sepa; yo lo ignoraba.

Bernal Díaz del Castillo niega la existencia del salto, pues los españoles estaban todos tan concentrados en la lucha que no hubo quien lo atestiguara.

La amante de Wittgenstein adjuntó postales con algunas de sus cartas. Siete meses después, Heidegger le remitió la postal con una respuesta: "Póngale *Argos* a su perro".

Era gato. La amante se consuela pensando que Heidegger habrá estado distraído con el *dasein*.

¿Quién no?

O era el tipo de persona que siempre ponía "perro" donde claramente había "gato".

Me recuerdo antes de salir que hoy debo portarme correctamente ante la pequeña sociedad que me va a hacer compañía.

Lunes, 7 de octubre

No me porté bien.

La pequeña sociedad se escandalizó.

Quise contarle a P.

No admite historias que lo excluyen o se las arregla para colocarse aun en las que no le corresponden: "Seguramente se te juzgó con dureza como una manera de lastimarme a mí".

Fue patético el final en la chocolatería.

Debo escribirle una carta al joven poeta. Haré un borrador mañana.

En un sueño me conducían a la Villa por atajos.

También quise contarle a P.

Eso le permitió retomar su teoría acerca de: "el que se fue a la Villa perdió su silla".

Según él, ese dicho proviene de finales del siglo XVI. Se habrá inventado en Tlatelolco o Coyoacán para burlarse de los compañeros indígenas que colaboraban con los españoles.

En mi sueño había boletos para entrar en la Villa, con copias en papel carbón.

"Ayer" sigue estando fuera de foco.

MARTES, 8 DE OCTUBRE

Va el borrador de mi carta:

Querido joven poeta:

Tendré que empezar desde el principio: "then went down to the ships…"
El canto pisano de Pound tienta a cualquier habitante de un sitio tan estrecho como el mío.

O tendré que pensar en general.

Los poetas saben hacer poemas. Los poetas saben descolocarlos con estrategia. Los poetas tienden sus versos en una cuerda floja que ellos trenzan. Los poetas niegan los hechos por el bien de las metáforas. Los poetas no pintan la cuerda de colores para que no se olvide que sus versos se refieren sólo a sí mismos.

El sí mismo de un poeta es un lugar donde se desplaza la vanidad hacia las teorías o hacia la paranoia.

Los poetas no son personas sino lenguajes.

Los poetas repiten numerosas verdades en sus reuniones.

Por favor, joven poeta, comunícamelas.

Saludos,

Yo

Mañana o pasado mañana pulo esta misiva o la desecho.

La hija del hijo ya no me habla.

El modo en que no me porté bien ante la pequeña sociedad incluye el modo en que se portó la pequeña sociedad conmigo.

Se llama "interactuar".

No se pueden agotar las opciones cuando uno sólo reacciona.

MIÉRCOLES, 9 DE OCTUBRE

Yo no sabía que en vez de irse de vacaciones, Kafka se internaba en sanatorios, lo cual es ideal para un hipocondriaco: enfermeras y médicos las veinticuatro horas y uno con el derecho a estarlos consultando sobre el menor malestar sin que importe que se impacienten.

Los pobres amigos de uno, en cambio, se desesperan o se burlan.

Tampoco sabía de su novia: Hedwig Weiler. Como casi todas las relaciones de Kafka, terminó en una decepción abrupta.

A la hija del hijo solía ocurrirle lo mismo. Un novio miraba de cierta forma por la ventana o comentaba algo insatisfactorio sobre el paisaje o un libro o una película o la mera actualidad, y el corazón de la hija del hijo se oscurecía instantáneamente, al margen de sus propios deseos.

La hija del hijo le pedía a su corazón que recapacitara, que le diera otra oportunidad al novio. Pero el corazón ya se estaba llenando de otros temas; uno era la decepción, claro, y la forma en que le permitía a la hija del hijo sentirse lúcida y superior.

Kafka no era tan arrogante; a fin de cuentas, era Kafka y se reconocía condenado de entrada.

"El mundo es triste, pero de una tristeza teñida de rosa, y una tristeza, cuando está viva, ¿está tan lejos de la felicidad?"

La frase no es kafkiana. Kafka no lo es.

Otra cosa que yo ignoraba: Kafka era devoto de Flaubert.

No he pulido la carta al joven poeta. Creo que no la voy a enviar, aunque la vaya completando en secreto:

Ah… la poesía… (le podría escribir pomposamente).

Una de sus tradiciones o idiosincrasias o neurosis es buscar salirse de la poesía.

Ahí están la voz alta y la teatralidad y el chistorete y las narraciones; o la oscuridad inútil y sonora y tediosa.

Recitarle al pueblo siempre es una alternativa. Aunque al pueblo le dé igual.

A los prosistas y narradores no les sucede tan a menudo que se convenzan de que son capaces de salvar a una porción de la gente que, aseguran, los necesita.

Ahí los políticos y los poetas se tocan. El detalle de la autoría se olvida: no son ellos, los políticos o los poetas, sino las causas urgentes que los llaman a un primer plano.

"Ah, la poesía, ah, los desastres de la poesía", apuntaré con solemnidad.

El joven poeta me leerá condescendiente, pensando: "Eso ya se ha dicho mil veces". Y tendrá razón.

Ayer iba a atropellarnos en la avenida Coyoacán una señora con lentes y camioneta negra.

La sensación de haber sobrevivido fue inmediata.

Por cierto, ya se superó el embrollo con el Eje 8. Desapareció durante el episodio del miércoles pasado.

Mi esperanza de hoy es que "hoy" no sea irreversible.

JUEVES, 10 DE OCTUBRE

Por mi comportamiento, la pequeña sociedad decidió descalificarme.

Así ocurre con algunas pequeñas sociedades que son muy estrictas. La amante de Wittgenstein comentaría: ni modo o *mmmh* y cambiaría de tema.

Debo averiguar, por cierto, si la amante confunde adrede los nombres de Lévi-Strauss y Barthes (a ambos les pone Jacques) o si comete un error (de lo cual tardaría en reponerme).

Me perturba el texto de Todorov sobre las crónicas aztecas de la Conquista. Dedica varios de sus párrafos iniciales al tema nada misterioso o complejo del género de cada crónica, que casi cualquier lector percibe con la simple lectura y con los datos que ofrece la historia.

Lo obvio es lo que más le importa descifrar, pues ahí se esconden las trampas de la retórica.

Muy ochentero y francés.

Wittgenstein lo repudiaría.

Se me ocurrió (mientras revisaba hoy la lista de culpas) que si el cuadro de Wittgenstein fuera el bosón de Higgs, tal vez comenzaría yo a entender el cuadro.

Sabría que el cuadro es donde está la realidad entera o, más bien, su condición de existencia; es decir, sin el cuadro, la realidad se dispersaría.

Sin embargo, me temo que el cuadro es una representación y, por lo tanto, una convención.

"2.222: Lo que representa un cuadro, lo representa con independencia de su verdad o falsedad.

2.223: Lo que representa un cuadro es su sentido."

¿Qué voy a hacer, entonces?

No he vuelto a *Cathay* porque no he querido acercarme a ningún río.

Los ríos son ventanas abiertas desde mi ventana.

La amante cuenta que, en Cambridge, Wittgenstein solía cargar cuadritos de azúcar en sus bolsillos para alimentar a los caballos que pudieran aparecer en los prados.

A Muff esta anécdota la habría cautivado.

Ya no me habla Muff.

Durante las madrugadas espero a que pase el primer avión para convencerme de que sí cambió de orientación la noche.

Mi civilización de seis personas ya perdió a tres de sus posibles miembros.

VIERNES, 11 DE OCTUBRE

El sueño del bebé me autorizó por fin a dormir.

Éramos dos amigos y yo sentados alrededor de una mesa. Los amigos deseaban seguir bebiendo, pero por alguna razón mi presencia los interrumpía. Uno de los amigos acababa de adoptar a un bebé de meses y no sabía dónde ponerlo. Se decidió, como se deciden esas cosas en los sueños, que yo me encargaría de mecer y dormir al bebé. Lo tomé en mis brazos y, poco a poco, el bebé y yo nos quedamos dormidos.

Los dos amigos pudieron dedicarse a beber con tranquilidad y yo a dormir como si alguien o algo me diera permiso.

Sé que el sueño peca de esquemático y es muy de especie y género, pero cumplió con su propósito.

Hoy me enteré de que llevaron a la hija del hijo al hospital. Estuvo ahí algunas horas. La revisaron los médicos y le hicieron preguntas. Parece que la hija del hijo dejó de saber quién era y se le torció la boca (como decían las señoras que podía ocurrir cuando uno gesticulaba en la calle y de repente un viento fuerte sacudía las superficies).

La hija del hijo mencionó precipicios y cuevas y sombras donde no había ni siquiera un rayo de luz. Intentó delinear algunas de las sombras para que los doctores entendieran. No sirvió de nada. Los doctores le recetaron medicinas y le recomendaron que comiera bien y descansara.

El joven poeta me comentó que ya es hora de que él y su grupo de poetas amigos lancen un manifiesto vanguardista.

Le pregunté de qué iba a tratar su vanguardia. Se impacientó conmigo; las vanguardias ya no *tratan* de nada, me dijo: son una mezcla deliberadamente confusa donde no hay el menor rastro de autoridad.

Me aclaró de modo enigmático que es más fácil lanzar manifiestos en *países nórdicos*. Me reí para no quedar fuera del círculo.

Lunes, 14 de octubre

Los nervios de Kafka lo llevaron a no dirigirse la palabra durante varios días.

Hubo algunos viajes recreativos con Max Brod, por más que siempre terminaran en sanatorios.

Conviene abstenerse de escribir sobre Kafka; necesariamente parece un lugar común: como si a uno no se le hubiera ocurrido nada y esa vida ajena estuviera a flor de piel.

Sus insomnios eran modélicos: "lo vuelven nervioso, irritable, desagradable con quienes lo rodean".

A veces mi gato y la niña y Ella me rodean; otras, no dispongo de recursos.

Es cuando me escapo a mi parque.

Martes, 15 de octubre

Ya no voy a pensar como si supiera lo que pienso.

El sábado una antepasada actual de mi país me dio las gracias en su idioma: algo así como *"camarino"*.

Fue durante una reunión de gente herida. La antepasada llegó a bendecir esas costumbres con modestia.

Las confesiones de la amante de Wittgenstein, siempre casuales, son hoyos o nudos: ahora me notifica que Wittgenstein nunca tuvo una amante porque era "homosexual" (dato que yo y todos sabemos, pero habíamos obviado con ella por solidaridad estética o pudor ontológico o mera expectativa de suspenso).

Ahora habrá que apegarse a la realidad.

Lo bueno es que las "albas de dedos rosados" aún los presencia la amante en su playa. Y los círculos viciosos en la arena donde puede retomar el caso de Rembrandt y Spinoza saludándose en la banqueta con sus sombreros camino a la tienda para comprar cigarros.

Ya decidió que le pondrá *Magritte* a su gato.

Pero yo sé que no hay gato. Si uno se fija bien en sus comentarios, lo omitió hace mucho tiempo. Aceptar el gato equivale a caer en una trampa. Luego la amante lo va a retirar con brusquedad y uno se quedará sin piso ni gato hasta la vez siguiente.

Se supone que me voy a reunir con P. esta semana. Está leyendo sobre Hernando de Soto: la expedición por Florida y Misisipi y Georgia y el encuentro con los apaches que construían pirámides, en cuya cima colocaban un águila disecada. Tenían también su propio juego de pelota, aunque sin la manía de practicar sacrificios.

—Oye —le dije—, son *mis* lecturas.

Él sólo se rió.

De nuevo estuve despierta en la madrugada. La distribución de las horas vuelve a ser injusta.

Ni modo que esté yo en la "noche oscura" creyendo que vale la pena.

Sospecho que los *países nórdicos* del joven poeta son un acertijo o quizás hasta una metonimia.

Anoche entendí que uno nunca se queda sin gato cuando está con la amante de Wittgenstein.

El piso es otra cosa. Ella no se encarga de los lugares donde se paran las personas.

Fue un desfile de reinas el que vi en la calle como a las cuatro de la tarde. Iban las reinas con sus coronas de papel y sus faldas de colores. La gente aplaudía y los niños gritaban emocionados. Las reinas hacían pasos de baile con torpeza pero también entusiasmo. Me detuve al lado de una familia de cuatro: papá, mamá, niña, niño; una familia perfecta. Lanzaban casi aullidos los hijos mirando a sus papás en busca de aprobación y los papás les decían: "Muy bien, así, más fuerte…"

Pensé en las familias pequeñas y en un tal señor Epstein que alguna vez le comentó a la mamá de la hija del hijo, después de leer la noticia de una familia atropellada: "Bueno… al menos era una familia pequeña".

A la mamá de la hija del hijo esto le provocaba siempre carcajadas.

Cuando la amante de Wittgenstein declaró ayer: *"Still, certain days feeling like Tuesday, for all that"*, no me di cuenta de que *era* martes, y que hoy se siente con claridad que es miércoles.

Así serán esas sensaciones para todos, sin duda.

El señor Epstein escribió e ilustró un libro sobre los testículos del papá de la hija del hijo.

Lo cual me hizo recordar una dedicatoria que le puso Derek Walcott a un novelista mexicano en su ejemplar de *Tiepolo's Hound*: "Desprecio tus patéticos aguacates".

Dibujó unos testículos junto a su firma.

La comunidad de poetas no podía creerlo.

Hoy apostaría que eso ocurrió un jueves.

Ha de ser la influencia de la amante de Wittgenstein y su noción de los días.

Casi todo es influencia de la amante.

También de Ella y de la niña, aunque no de los gatos.

Ellos, por fortuna, no influyen.

Según la amante, la diferencia entre "la ilusión de la ansiedad y la ansiedad misma" es muy difícil de explicar.

Lo cual se aplicaría a muchas cosas más: la quietud, la inquietud, el amor, el cariño, etcétera; incluso, la propia ilusión.

Si uno toma este camino, no sale nunca.

A veces la amante me habla en inglés. Suena mejor por la velocidad y porque su acento en español es desagradable.

Me avisó P. en una llamada rápida: tendremos que posponer nuestra reunión.

Qué alivio ya no lidiar con el Eje 8.

JUEVES, 17 DE OCTUBRE

Una definición verosímil de este día es: irremediablemente triste.

Ayer, quien yo era no lo imaginó así.

Debo evitar las ambigüedades cuando se distorsiona la sencillez de los objetos.

Hoy ha habido fallas entre la memoria de la colocación de cepillos, lentes, platos, tazas, y el cumplimiento real de cómo los coloco. Me volteo y descubro que el cepillo está en una alacena de la cocina y no en su sitio de siempre en el baño. Con algunos objetos esta desubicación me provoca culpas. Será por sus significados en algún cuadro que pierde el recuerdo donde subsistía.

No importa que no se entienda. De veras es lo de menos.

En su casa en las afueras de la ciudad de Oaxaca, donde la amante de Wittgenstein vivió una temporada con su esposo, Adam, y su hijo, Lucien (¿no era Simon?), el gato no alcanzó nombre, sino sólo una denominación bilingüe: *Cat* a veces, *Gato*, otras.

Me parece una afición peligrosa cambiar los nombres del pasado en el presente (aunque, ¿dónde más podría llevarse a cabo?)

Por fortuna, no lo hace la historia. Sería un verdadero escollo que en cada nuevo libro sobre el imperio romano o los antepasados de mi país, por ejemplo, los nombres de los emperadores, los enemigos de los emperadores, los pueblos, los dioses, se fueran sustituyendo sin explicación alguna.

No habría memoria, sino sólo inicios. Supongo que estaríamos habituados y ni siquiera se nos cruzaría por la cabeza que todo aquello depende de la estabilidad de los nombres.

Sería, entonces, un falso problema. Como aquellos que Wittgenstein le atribuye a la filosofía.

Por cierto, se me olvidaba: se nos acusó de inmaduros a los que vivimos en este departamento.

Ni modo, diría la amante, quizás en su playa o desde la ventana.

Viernes, 18 de octubre

Es cierto que si uno se queja sentimentalmente obtiene lo contrario de lo que uno desea.

Lo he sabido siempre, pero los sentimientos son otra cosa: tienen su propia memoria y sus propias inercias, como una historia aparte y a veces ni siquiera paralela.

Lunes, 21 de octubre

La nana de la hija del hijo nació en Fresnillo; también llegaron de ahí los camiones de acarreados el sábado; con lo cual se solventó el asunto del hueco momentáneo en la democracia.

A las tres de la tarde Ella me confesó que Ella no era interesante, a diferencia de sus amigas.

A las siete de la noche yo me confesé de espaldas a una voz ronca; hubo que buscar el inicio más adecuado para contar una de las historias: el bebé en la mecedora fue el disparador perfecto.

Lo que me dijo la pequeña sociedad (ahora que lo recuerdo) es que resulté asfixiante; ya me imagino entonces la falta de aire que hubo y el par de miembros de la pequeña sociedad jadeando mientras yo manoteaba.

Pobres.

Martes, 22 de octubre

Hubo tres episodios no sucesivos en la noche. Después del primero, a las tres de la mañana, insistí en levantarme; después del último, ya no me quedaron recursos.

Empiezo a ser una persona a la que se tiene que cuidar. Hago las mismas preguntas una y otra vez: ¿dónde está la salida?; ¿se fueron los amigos?, y ¿ya nos vamos a dormir?

Así no debía ser. Ya provoco impaciencia (también pregunto por los gatos, uno solo o muchos: ¿dónde están los gatos?). Se suponía que el mando era racional: alguien por encima de ese alguien más que divagaba.

Ahora me falta el aire como en una historia de fugas.

Miércoles, 23 de octubre

Los personajes se están mezclando con las estructuras de otros personajes que no se hicieron aquí, y eso es peligroso. Da la impresión de que les falta una parte central y traen otra que se fabricó para su opuesto.

Parece la creación de un lenguaje que podrá traducirse cuando ya no se utilice. Algo así. Luego se escribirán libros sobre el lenguaje, y algún autor recordará que, además, fue creado.

La amante de Wittgenstein busca detrás de todo al hijo muerto, que antes se llamaba Simon y ahora se llama Lucien.

Le perdí la pista estos días a toda esa gente. No sé cómo voy a recomponer la topografía. "I grew up with landscape as recourse…" Eso dice Rebecca Solnit acerca de su conciencia de los lugares, lo opuesto a lo que se cultiva por estas zonas, donde uno suele sobreponerle a las superficies reales o naturales otra imaginaria.

Si uno quiere instalarse en lo imposible, podría buscar al nonato para darle tema a la zozobra, pero no es el estilo de esta casa. Sería el colmo anular al ausente y después rastrearlo, como un pasatiempo.

JUEVES, 24 DE OCTUBRE

Ayer vi cómo pasaba; no un misterio, sino una ocupación. A la hija del hijo le hablaban sin parar y ella iba aceptando cada minucia de la charla. El conversador se sintió muy complacido: "Está sí que es compañía", y la hija del hijo sonrió sin considerar las consecuencias. Decidió que no había a dónde ir, así que era inútil imaginar coordenadas. Nunca aprendió a distinguir los puntos cardinales; finge que mira al norte cuando lo mencionan, pero de inmediato se fija en las otras miradas y cambia el rumbo. Es como ir a clases de nuevo.

Me dijo un amigo, al que me encontré un poco después del atardecer en mi parque con su perro diminuto, que había estado en Nueva York y había hecho "de todo". "¿Qué es todo?", le pregunté. Me recitó sus aventuras como si hubieran sido los incisos de un manual: pasar hambre, dormir en la calle, no hablar durante días con nadie, luego gritar en las calles, comer de los basureros. Ah, y meterse una vela por el culo. Esto último lo contó como si hubiera sido lo más obvio que uno hace a solas en Nueva York. Su perro diminuto comenzó a ladrar y a mi amigo le urgió despedirse.

He notado eso. A mucha gente le urge despedirse.

Debo leer unos poemas y pensar en unos poemas. Tiene que haber un instante en que el mecanismo funcione en la cabeza. De otro modo no habría durado hasta hoy. Se supone que es una lectura tan superior a otras que trasciende la experiencia misma de la lectura y provoca un estado que tiende al silencio, pero que en realidad existe para que se oiga precisa y nítidamente el aparato del poema que guarda los rastros de la expectativa que provocó el poema.

Eso quiero creer al menos, por más enrevesado que suene como procedimiento. La hipótesis sustituye al menos a la lectura misma.

No se oye igual la música hoy que, por ejemplo, el lunes. Adquirió un ruido que no tenía. Ahora se puede uno dar cuenta de que el sonido no está en el fondo, sino adelante, como una cortina.

No puede ser que la conciencia haga esas cosas sin advertencia alguna.

Viernes, 25 de octubre

Se supone que ya se había restablecido una forma de normalidad, pero hoy está peor que nunca la mala percepción.

Me habló P. Vio un cadáver en la entrada de un hospital y pensó en la naturaleza de su país. "¿Es el mío también?", le pregunté y me colgó. No le gusta que le arrebate sus posesiones.

Me enteré después de que el cadáver era anónimo, aunque sin duda era de alguien. Se discutió el asunto el fin de semana y se llegó a la conclusión de que el nombre del cadáver no tenía importancia.

Lunes, 28 de octubre

El martes pasado a las tres de la mañana dije con voz cantarina antes de irme: "Adiós, querido amigo, adiós".

Ah, la buena educación incluso en la entrada de los laberintos.

Los doctores me observan con recelo; aún no deciden si es mi conciencia la que elige o uno de los personajes que viene con el cuadro que instalé hace unos meses para distraer esa afición por las historias que concluyen.

P. me dejó un recado el domingo. Fue testigo de una golpiza. No quiso intervenir por miedo a las consecuencias de sus propios actos. Si tanta sangre debía derramarse, entonces había que dejarla en paz.

Una anécdota dizque sabía inquietó a Muff: un amigo se encuentra con otro amigo jinete y su caballo; el amigo le pregunta a dónde va y el jinete le responde: "Pregúntale a mi caballo".

Le pareció una anécdota confusa, y sospecha que la conclusión será cruel para el caballo.

Es fundamental no identificarse con Kafka.

Martes, 29 de octubre

Son imposibles los poemas en esta versión de *Cathay* que no incluye ninguna de las palabras de *Cathay* salvo las del nombre propio.

También son imposibles la mamá y la hija (aunque no la hija del hijo).

Y la respiración enredada en la escalera: ¿qué debe hacerse para desatar sus nudos?

Ayer declaró la amante de Wittgenstein que *ella* es la curadora del mundo entero.

Y Wittgenstein: ¿qué diría?

Ni siquiera lo tomaría en cuenta, aunque aluda definitivamente a su hipótesis de los cuadros en la cabeza.

"2.221: Lo que representa un cuadro es su sentido."

Para saber si el cuadro es falso o verdadero, debemos compararlo con la realidad: ningún cuadro es verdadero *a priori*.

Lo cual significa que se puede percibir la realidad al margen del cuadro en la cabeza donde está el cuadro que postula a la realidad. No se vale plantear ese tipo de certezas en medio de una isla, con números antes de las palabras.

De ahí que la amante de Wittgenstein acabe convencida de que *ella* es la curadora del mundo entero.

Cuando descansa piensa en "gatos" bajo el sol después de la lluvia. Y en sus amantes: Simon o Vincent o Ludwig o Terry.

No sé si yo vaya a pensar alguna vez en amantes.

Hoy cuando desperté me dije que la mera objetividad (que se asemeja a la realidad) se ha convertido en un consuelo.

Es una frase madura que no puedo sostener en los hechos. ¿Cuáles, además?

Debo retomar amistades y ofrecerles disculpas a los amigos perdidos.

Y no olvidar que estoy enamorada.

Hace años que no pasaba por mi boca la muletilla *a priori*. Solía yo pronunciarla a menudo en mis especulaciones sobre el Ser en los pasillos.

Al Ser no le tocaron pies, ni cara, ni voz; andaba conmigo por convicción.

Y el miedo nunca se presentía. *A priori* era un lugar sereno.

El viernes en la tarde contaré un sueño autorizado: entraban tres niños a escuchar mis secretos. Uno me embarraba su paleta en el pelo. Los otros hablaban italiano. Me prohibían quejarme de mi pelo pegajoso.

Prometo no contar demasiados sueños.

La amante de Wittgenstein me asusta con sus nonatos.

Creo que yo tuve tres; ¿cómo comprobarlo?

La hija del hijo me ha contado (¿por enésima vez?) de su primer nonato y de la torta que se comió después del aborto.

Fue en Insurgentes y la lonchería ya desapareció.

La acompañó su amante que era alto y murió asesinado en la frontera vendiendo droga.

Como su tío y los hijos de su tío.

Hay polvo de un lado y grava del otro.

Así se canta este corrido.

MIÉRCOLES, 30 DE OCTUBRE

Según la amante de Wittgenstein, la gente que escribe novelas, "las escribe sólo cuando no tiene nada más que escribir".

Lo cual es un alivio para los que no escribimos novelas.

Pero ¿escribo? Me lo pregunté anoche en vez de volver al recuento de las ovejas. No abrí los ojos. Examiné el cuadro; me repetí "Límpialo, ya". Tiene que haber un cuadro original que enmarque a los cuadros posteriores; podría buscarlo yo en vez de seguir acumulando tanta paradoja de cuadrúpedos que dañan el equilibrio.

Lo de escribir surgió porque vi de lejos al joven poeta en mi parque.

Alguien me dijo en la cena que muchos jóvenes poetas se están peleando por ser los representantes de una nueva sensibilidad.

Bajo el sol exigente, supongo.

En *Cathay* ocurriría de otro modo.

Con canciones y risas, para empezar, aguas torcidas en un río y el río dando vueltas alrededor de los tobillos de Ella, por fin, indagando "¿Y los príncipes, y los reyes?", y Ella vestida de encajes rosas y blancos como una dama, luego otra dama burlona picándole la cara con un dedo.

¿Para qué?

Los ríos no hablan, además.

Dos miembros le quedan apenas a mi civilización.

La hija del hijo recordó un instante los pezones de la pelirroja entre sus dedos en una recámara, en Jungapeo, con las cataratas que atravesaban el sonido y obligaban a comentarlas a diario: "¿Ya oíste cómo suenan hoy?"

No fuera a parecer que uno ya se había acostumbrado, aunque se oían igual todo los días, más rasposas quizá, pero eso a causa del vidrio que las cortaba en fragmentos por alguna razón de consistencia que nunca logré entender.

Se lo pregunté a la señora de la casa durante un desayuno, pero se distrajo contando alguna anécdota de su infancia. En Kentucky.

Esta semana intentaré aprender algo útil acerca del virrey Mendoza. Ya me enteré de que antes de cancelar los templos de los antepasados de mi país y mostrarles después cierto respeto, se aseguraba de que no hubiera oro escondido allá dentro.

Sin duda le enseñaron a gobernar desde niño.

A los antepasados de mi país los sorprendía tal fascinación con el oro.

Las cataratas están en una zona donde ya casi no hay gobierno.

Todavía vive ahí la hija de la señora de Kentucky.

Por la cantidad de novelas que existen habrá que concluir que mucha gente "no tiene nada más que escribir".

Los poetas verdaderos señalarían: "Es que no son capaces de escribir poemas".

Los poemas se me comienzan a secar como el árbol muerto donde antes había un globo rojo.

Sospecho que la amante de Wittgenstein tiene el proyecto de escribir próximamente la historia del mundo. Algo mencionó el otro día; luego añadió que no podía hacerlo antes de comprobar que no hubiera otro habitante más que ella en la Tierra.

Me resultó ominoso el comentario. Le pregunté bromeando quién iba a leer su historia, pero cambió de tema: "La mayor parte de la gente piensa que aquello de los castillos en Damasco es sólo un dicho".

Entonces también cambié de tema: quise ahondar en el asunto de las señoras en Guerrero dándose de golpes por las cajas de "víveres".

Aún no resuelvo el problema de la respiración que se enreda en la escalera y en el baño.

Jueves, 31 de octubre

Voy a averiguar cuánto cuestan los encajes. Hace años que no compro; supuse que ya no me harían falta. Y heme aquí, en la pura necesidad de adorno para lo que se avecina.

Imagino los diálogos venideros en mi parque, con el joven poeta: "¿Ves lo que me hice en la cara?"; por teléfono con P.: "¿Oyes lo que me hice en la voz?" A cada uno lo contrario de lo que le corresponde.

Poco a poco voy deduciendo el procedimiento: modificar el cuadro, sin prisa, y adaptarlo al escenario que más conviene. Fundamental aquello de la conveniencia. Tendría que haberme dado cuenta desde un principio.

Aunque eso de escoger un principio es el gran escollo, pues determina todo lo demás y si uno pone "al principio, a veces dejaba mensajes en la calle" (incluyendo así hábilmente el principio mismo), se corre el peligro de que los mensajes se repitan a lo largo del tiempo iniciado.

O de pasarse una noche entera dejándoles mensajes a los amigos, como huevos de pascua.

A la amante de Wittgenstein se le ocurrió que una buena idea para novela sería la de alguien (mujer) que se despierta un miércoles o jueves y descubre que no queda nadie en el mundo salvo ella: "Vaya... ni siquiera una gaviota..."

Hoy es jueves.

Le comenté a la amante acerca de la posibilidad de que la trama se fuera esfumando por el exceso de libertad.

No quiso ni contestarme.

Hace algunos meses el joven poeta me sugirió que se podría organizar una lectura de múltiples versiones de:

Let us go then, you and I,

When the evening is spread out against the sky

Like a patient etherised upon a table…

Y qué haríamos después, le pregunté: ¿irnos a cenar?

En general, ¿qué se hace después de algo así?

Las conclusiones pueden ser inquietantes, como los principios. Por ejemplo, ¿cuáles serán las últimas palabras de la amante de Wittgenstein?

Las de él se conocen de sobra: *"What we cannot speak about we must pass over in silence".*

Tal cual en mi versión en inglés; le pediré a mi amigo filósofo que me las traduzca al español directamente del alemán. La mera existencia de muchos idiomas da al traste con las teorías acerca de las palabras y los significados; siendo estrictos, habría que guardar silencio siempre.

O evitar las teorías sobre las palabras: precisamente el propósito de Wittgenstein.

Creo, en todo caso, que de algún modo perverso Wittgenstein autorizó las teorías abigarradas acerca del silencio; incluso yo me atrevería a proponer que eso sucedió porque lo único de veras comprensible del *Tractatus* es el final.

Qué alivio: el silencio como una meta.

Cualquiera frase puesta en primera persona suena postiza: eso de "creo en todo caso…"

Las glosas del silencio.

Las conversaciones acerca del silencio.

Las poéticas del silencio.

"¿A qué hora llegamos?", debe preguntarse siempre con voz nítida y firme.

La escuché anoche, con un gato dormido junto a mí en la cama.

Estoy tratando de "visualizar" las modificaciones del cuadro (y de mi cara y mi voz).

Olvido a cada rato que tengo un amigo alemán. Le voy a pedir que me traduzca el final de Wittgenstein.

Sé que nos vamos a reír.

Con otro sol quizá menos estricto encima.

Habrá que aclarar antes lo de *Cathay* y de cómo su letanía daña cualquier corrido: "no es que no existen otros hombres, sino que este tipo es el que preferimos, aunque por más que deseemos hablar, no haya forma de que perciba nuestra desdicha".

Ayer me encontré con el amigo que me presentó a la amante de Wittgenstein.

Es un escritor.

Voy a examinar fotos de Kafka hoy en la noche.

Noviembre

Viernes, 1 de noviembre

El peinado de Kafka explica lo que uno ya sabe de él, lo cual es tramposo: ni él podía deducir de su propia vida lo que se dedujo después.

"Acaricio imaginaciones, vivo trabado en la vida, no lo haré; tengo frío, estoy triste porque la camisa me aprieta, estoy condenado, me aferro a la niebla."

En su peinado se ve esa posibilidad que ahora es una fotografía. La sonrisa de Kafka es perpendicular a la raya en medio de su pelo. He ahí un enigma si uno lo desea. O nada.

Hace tres semanas exactamente me comentó un doctor con su estetoscopio dorado alrededor del cuello que conoció a una persona a la que le cuesta mucho trabajo la vida. Aún no decide cómo curarla.

En otra fotografía está la familia de Kafka en una excursión; Kafka se pega a la orilla de la imagen, sonriente de nuevo porque ya aprendió que eso debe hacerse en las fotos.

Lunes, 4 de noviembre

Mi amigo alemán me tradujo el último inciso del *Tractatus*: "De lo que no se puede hablar, tiene uno que callarse".

No se menciona el silencio; se podría cancelar, arbitrariamente, la alternativa mística que a fin de cuentas le abre otra puerta al ruido: las discusiones acerca del silencio y los poemas donde los poetas se atribulan porque los agobia el sonido del silencio.

Mi amigo alemán me contó la historia de la llave de su papá. Cuando murió su mamá el año pasado, su hermano y él se dedicaron a revisar las pertenencias de sus padres. Encontraron una caja y dentro una llave y una dirección en el pueblo de Polonia de donde venía su papá (un hombre absolutamente taciturno). El hermano quería tirar la llave, pero mi amigo alemán recordó que su papá solía sacar esa caja, revolver el contenido y colocarla de nuevo en un anaquel. Mi amigo alemán se quedó con la llave. Hizo un viaje reciente al pueblo polaco y buscó la dirección; al llegar al edificio metió la llave en la cerradura de la puerta principal. La puerta se abrió más de cincuenta años después.

Martes, 5 de noviembre

Lo último que supe de la amante de Wittgenstein fue un recuerdo insistente: distribuyó numerosas latas de comida de gato en varios sitios del Coliseo.

Ya no estar loco (o loca) es mucho más interesante que estarlo. Esa debe ser la lección.

Hoy a las seis de la mañana me vinieron a la cabeza las palabras pronunciadas por un amigo hace unos tres o cuatro años: "Míralos, ahí van con sus jóvenes". A la obra que terminó en octubre le va muy bien ese título.

Mi amigo no es profeta sino diablo.

Miércoles, 6 de noviembre

Qué consecuencias habría si yo escribiera lo siguiente: "No me recupero, como si todas las cosas que he poseído se me hubiesen escapado y ya no me fueran suficientes, aunque volvieran a mis manos".

Tendría que justificar ciertos asuntos después; por ejemplo, la mera normalidad que se instala a diario por inercia.

Convertiré el topo gigante del jardín del maestro rural en un acertijo, sin recurrir a la frase misma que lo contiene.

¿A qué palabras se habrá referido Mallarmé cuando habló de las palabras de la tribu? ¿Y qué tribu?

Algunos políticos de mi país usan esa frase en sus campañas y algunos poetas de mi país los apoyan y entienden perfectamente. Eso me permite suponer que hay poetas que conocen esas palabras, pero no las quieren revelar porque no somos (o no soy) de la misma tribu. ¿Cuál será mi tribu?

Jueves, 7 de noviembre

Las pelotas de *ping-pong* que rebotan sin cesar en el cuento de Kafka sí existen y persiguen al señor Blumfeld.

Kafka sería el contemporáneo ideal del señor Prufrock. Voy a buscar fechas.

En un lugar lleno de libros me topé con un intelectual de mi país que celebra en sus escritos la vida cotidiana. Escuché sus frases con cuidado. Su intención es establecer una literalidad que luego aplaude como un triunfo teórico, no retórico: otra lección que examinaré tan pronto reordene las estructuras dentro de las que vivo.

La palabra *tiza* proviene del nahua *tizatl*; *gis*, de algún vocablo latín. De eso me enteré en una comida, donde se intercambiaron datos lingüísticos.

Al final de la tarde me sometí a una larga travesía por la ciudad en la que fui perdiendo la memoria. Distinguía los nombres de las calles, pero nada era reconocible.

Viernes, 8 de noviembre

No puede ser que el hecho más nítido del día sea una araña en la regadera y la matanza de la araña.

Spinoza a veces salía a buscar arañas y las obligaba a pelearse entre ellas.

Eso me contó la amante de Wittgenstein.

En la noche la hija del hijo recibió una advertencia: "Cuidado con tus miedos, pues en el fondo son deseos y se te pueden cumplir".

Le pidieron que revelara un recuerdo "traumático".

Encontró el de una noche con el hermano ensangrentado y el padre de la hija del hijo en la cárcel.

Se decidió que ese recuerdo era "primigenio".

No vuelvo a llenar huecos.

Me voy a aficionar a los hoyos.

Me voy a aficionar a los hoyos.

Me voy a aficionar a los hoyos.

LUNES, 11 DE NOVIEMBRE

Me llamó P. anoche para avisarme que me escribió una larga carta que iré recibiendo por secciones.

Yo escribí una carta en la mañana, de despedida. Es más elocuente la infelicidad que la felicidad.

En el parque digo "zánate" en vez de "zanate". Esas intromisiones no son justas.

MARTES, 12 DE NOVIEMBRE

Hablando de Felice, Kafka escribe que resulta imposible compartir cualquier expresión de dolor con alguien que carece de un sentimiento de culpabilidad.

Por cierto, debo contarle a Muff acerca del caballo en un poema que escuché la semana pasada. Un papá obligaba a la hija, dueña del caballo, a imponer su voluntad: "Es una bestia; tiene que obedecerte". La hija debía pegarle con un látigo hasta que el caballo aprendiera, pero el caballo nunca entendió y sólo sabía quedarse quieto. El papá acabo por vender a esa "bestia inútil" que ahora vive en un poema.

Al menos le tocó un desenlace sensible a ese caballo.

Miércoles, 13 de noviembre

Recibí la primera sección de la carta de P. Son incisos, no párrafos.

1. *Se tapan las ventanas con sábanas viejas. Ninguna cosa externa debe distraer.*

2. *Se llama penumbra del día donde las formas son siluetas sin importancia. Tal vez en la oscuridad nocturna se module la objetividad de un cuerpo.*

3. *Es un recuerdo o la visión que viene después como una estela.*

4. *Dos caballos relinchaban frente a unas montañas azules al norte de los muros, exactamente en el momento de la partida. Había una sombra roja en las montañas. Los dos caballos eran uno solo. Se oyó una frase entre los relinchos: "El destino de los hombres ya está sellado; no hace falta preguntarles a los pecadores".*

5. *Eran tres caballos, tres azules y ninguna sombra roja.*

6. *La emoción nace de la costumbre.*

7. *Una cabeza blanca perdida en una provincia, se repite desde el sillón verde, hasta que se convierte en una pregunta.*

8. *Se van a descifrar los colores...*

No quiero seguir leyendo la carta. Luego la retomo.

Me perturba que P. suene a una reformulación abstracta de *Cathay*, y lo abstracto puede convertirse en mero surrealismo si uno se descuida.

En cuyo caso, apenas leeré la carta. El único detalle que quizá me interese es el de los colores, aunque si P. introduce más, no habrá reglas ni nada que descifrar.

Espero que no desemboque en la adoración de las velas; un culto al temblor de las flamas diminutas.

No hemos hablado el joven poeta y yo.

Marianne Moore le escribió una carta de ciento cincuenta páginas a su familia.

JUEVES, 14 DE NOVIEMBRE

El papá de Marianne Moore se cortó la mano derecha después de leer en el *Evangelio según San Mateo*: "Y si es tu mano derecha la que te sirve de escándalo, córtala y tírala lejos de ti…" Pasó años en un manicomio.

Moore vivió siempre con su mamá en una penuria inexplicable; incluso, en algún momento, comían las dos su latita de sardinas en el baño, sentadas en la orilla de la tina. Dormían en la misma cama; cuando a Moore la "descubrieron", su mamá expresó suma desconfianza y desprecio hacia los poemas.

Moore no estableció ninguna relación que no fuera casi clandestina. Su mamá le permitió tener un gatito del que Moore se acabó enamorando. Pero luego la mamá la convenció de que debían matar al gatito, y lo hicieron con cloroformo. Lo pusieron en una cajita y lo echaron al Hudson. Moore nunca se repuso.

Sus poemas son difíciles de traducir porque los mecanismos, la extraordinaria rareza y esas dosis exactas de sarcasmo, dependen tanto de lo que es capaz de hacer el idioma (el inglés) que, cuando uno empieza a trasladar las palabras, se desarman como si fueran un rompecabezas de arena.

O seré yo la que no tiene los dedos para mover esa materia frágil en el espacio sostenido por la tensión implícita.

Mañana me reuniré con un juez severo.

Viernes, 15 de noviembre

Sigo con la carta de P. Me anuncia (antes de seguir con los incisos) que para ir resolviendo el enigma de los colores, comenzó por comprarse dos cuadernos azules. (Lástima que a P. le haya dado por ponerse a escribir.)

Sus incisos de repente se volvieron teológicos. Temo lo peor.

1. *Dios no ha muerto, sino que ya se le olvidó que es Dios.*

2. *Nuestra labor será reconstruir la memoria en la cabeza de Dios con la que conservamos de Él en nuestra cabeza.*

3. *Si deja de realizarse esta labor, no tendrá la menor importancia.*

Muy sentenciosa la teología de P.; ni siquiera a Kafka le quedaría. Sus divagaciones sobre el Mal y el demonio son quizá las únicas veces en que se deja enmarañar en su propia trampa.

Hay una disquisición de Kafka que se asemeja al inciso nueve de P.: "Aún estamos en el Paraíso, pero lo hemos olvidado".

¿Habrá plagiado P. antes de hundirse en su penumbra artificial?

Se me estaba olvidando apuntar que, según Kafka, la lucha con las mujeres sólo termina en la cama.

¿Farsa en tres actos con cuatro personajes o los últimos actos de una tragicomedia?

Mejor los actos. Facilitan la velocidad. La obra se podría titular: *Las consecuencias extremas de un final postergado.*

Primer acto

Hay platillos yucatecos. Ella (la inculpada) llega con un regalo para la vocera del líder, pero no para el líder. Se la mira con desaprobación. La moral está con la mayoría. Ella paga la cuenta. Le sonríen con la condescendencia que otorga la buena educación.

Ella se reúne después con la vocera del líder que le echa en cara no haberle dado un regalo al líder y su comportamiento generalmente ofensivo con el líder. La sentencia: pausa cuya duración determinarán la vocera y su acompañante (también ultrajado por ella).

Segundo acto

Hubo de nuevo platillos yucatecos.

Ella camina por avenidas que cambian de nombre. Sin duda merece el castigo promulgado.

Se interviene en su nombre: al interventor se le acusa de viejo, mandón e inmaduro.

Tiempo después la vocera del líder le envía un mensaje a ella.

Se concluyó en algún sitio que ella terminará siendo amiga del amigo considerado inferior o patético. El remate del mensaje es: "Qué tremendo".

Al día siguiente, aclara la vocera que no la quiere lastimar a ella; y pone "Ay".

Martes, 19 de noviembre

El tercer acto fue un encuentro directo con el líder. (Hubo algunos platillos yucatecos.)

Intercambio cortés de información reciente acerca de festivales literarios y de los ataques continuos al líder.

Algunos buscapiés de parte de ella.

De repente empieza la ira. ¿Por qué el terrible ultraje del regalo? Ella responde: "¿No era un pacto tácito entre usted y yo no darse regalos?" Pero ella y el líder no son iguales. El líder exaltado exclama que negarle regalos a él pero no a su vocera es una horrible falta de educación.

Ella entiende que cualquier error del líder debe atribuirse a su personalidad o temperamento artístico.

Prosigue el líder: ella —afirma el líder— lo coloca siempre en el banquillo de los acusados; ella lo agrede, ella le exige explicaciones. Los ojos del líder apenas la miran. Llega un joven guapo por el líder. Se lleva al líder.

Ella evita cualquier posibilidad de perdonarse. Por el bien de su cabeza a veces rota y otras no.

Termina la obra.

(Deberá ella preguntarse por la presencia ominosa de Yucatán afuera y adentro en fechas recientes.)

Durante la noche se registraron dos fugas pequeñas de la razón.

Creo que le voy a pedir a P. que ya no me escriba cartas.

Miércoles, 20 de noviembre

Actualmente Kafka es mi mayor contratiempo.

Si yo afirmara "Soy un fin o un comienzo" me encerrarían en mi cuarto, pero en Kafka la frase resulta una mezcla precisa de dolor y sarcasmo, y casi invita a que uno le responda con risitas sabihondas.

En mi caso sólo podría funcionar —y apenas— como una pregunta.

Caminé para atrás y para adelante ayer y hasta añoré las épocas del Eje 8.

En mi taxi estuve pensando que en mi cabeza ya también vivía el taxista. Me costó trabajo bajarme de su coche.

Este asunto de ir hacia delante y hacia atrás me ocurrió el domingo pasado, también en un taxi.

La tienda de Albercas Lawrer en Insurgentes me convenció por fin de que iba avanzando y no en retroceso.

Jueves, 21 de noviembre

Según la amante de Wittgenstein estamos a principios de noviembre, aunque yo diría más bien que estamos a mediados.

Me dice luego que este año la caligrafía de los árboles en la blancura es extraña.

No vemos lo mismo la amante de Wittgenstein y yo. La caligrafía "extraña" se debe a que uno de los árboles está muerto.

La amante de Wittgenstein habla sola, no conmigo.

Como la hija del hijo cuando deambula por su parque o por los andenes del súper, donde además finge que la agobian numerosas ocupaciones y que tiene mucha prisa. Ve su reloj a cada rato.

Yo hago lo mismo cuando cruzo el Viaducto entre Tonalá y Heriberto Frías. Pretendo que debo llegar a una cita en el hotel de la esquina (con un abogado, por ejemplo) y que ya voy tarde.

Le conté a la hija del hijo de *Las partículas elementales* de Houellebecq. El personaje suele matar el tiempo en un Uniprix; peor aún, anda luego con la bolsita de Uniprix por todas partes. Es su portafolios.

Las fugas de la razón no serían tan temibles si no incluyeran la pérdida del cuerpo.

Anoche las campanitas tañendo en mis oídos me impidieron enterarme de cómo terminaba mi pesadilla. Fue en un súper (vaya coincidencia). El líder y el amigo al que desprecia el líder se burlaban de mí porque algo no me salía bien. Me lancé corriendo por los andenes y me topé con un grupo de jóvenes que se empezaron a reír: iba yo en piyama.

Sólo un diablo me lo permitiría. Y luego susurrarme, engañarme diciéndome por teléfono: "No sé dónde estoy… ayúdame… no distingo ninguna calle…" Mencionó dos que ni conozco.

Aunque ese no fue el diablo, sino la persona que me cuida.

Me recosté en un sillón con mi gato encima a esperar.

Un minuto sobre otro minuto no equivale a dos minutos.

Y así sucesivamente.

Viernes, 22 de noviembre

A la hija del hijo se le dificultó la palabra *sucesivamente* en la primaria. Su maestra, la Miss Campos, la obligó a escribirla en un cuaderno cien veces. Y en varias ocasiones la puso a prueba en la clase frente a los otros alumnos: "A ver, hija del hijo, deletrea *sucesivamente*…"

Enmudecía la hija del hijo, como siempre.

Me entero de esta anécdota porque últimamente a la hija del hijo le ha dado por leer cada cosa que anoto.

Lo cual, por lo demás, no me importa.

Otra historia para Muff: la del caballo que mató de una patada a un niño de cuatro años.

Al caballo lo habían amarrado a un poste de madera en el patio de la casa durante un festejo. Los invitados comenzaron a molestarlo y el niño se puso justo detrás del caballo cuando lanzó la patada.

Estoy segura de que el caballo recibió tantos golpes que también acabó muerto.

Se me hizo saber que debo vaciar eso que se llama "la maleta de mi persona" antes de hablar en serio de un "yo" o algo parecido.

Pero yo jamás he hablado de ningún "yo".

Los tíos de la hija del hijo no me conciernen. Ella me los impone para que alguien dé a conocer su leyenda negra.

Busco alguna patología. Sospecho que ya está trenzada con un estilo que a cada rato se descuida.

Por ejemplo: ¿dónde se metieron las seis personas de mi civilización? Creo que la última vez que mencioné a mi civilización fue para decir que había perdido a tres de sus miembros más eminentes. ¿Valdrá la pena buscar otros? Hay ciertas ventajas en el hueco que dejaron: una es que se facilita el asunto de fabricar otro estilo aunque sea provisional (cosa que les suele ir bien a los estilos).

Aunque el estilo creado por un hueco sería tan artificial como el que proviene de la situación contraria. Y las situaciones son cálculos erróneos del azar (o algo parecido).

¿Dónde anda P.?

Lunes, 25 de noviembre

El sábado no resolví incógnitas. Un pintor a mi lado se retorcía. No averigüé si era un problema de espacio o una forma de protesta.

Presiento que si cedo a la continuidad dejará de haber verosimilitud.

El domingo me tomé un café con el joven poeta. Hubo muchos silencios incómodos. Me echó en cara en algún momento que no le diera importancia a la poesía de su generación y me pidió que reflexionara sobre lo que él denomina los "futuros" de la poesía.

Traté de explicarle que no logro pensar en esos términos: "Dame algunas pistas, al menos". Me miró retadoramente. Luego me criticó por ser tan literal; según él, eso no sirve para escribir buenos poemas.

Pagamos la cuenta. Se fue antes que yo.

Una ley mosaica ordena: "No harás imagen".

Ciertas imágenes, sin embargo, pueden confundirse con percepciones o, incluso, con pensamientos.

En el *Tractatus*, Wittgenstein escribe que "la totalidad de los pensamientos verdaderos es un cuadro del mundo".

Es posible que "cuadro" e "imagen" sean lo mismo, aunque lo "mismo" en Wittgenstein ha de resultar problemático; por ejemplo, ¿un pensamiento verdadero tiene equivalentes o únicamente ocurre una vez?

Además, los pensamientos mentirosos también fabrican cuadros impecables del mundo, y hay contenidos que subsisten entre la lógica y la ilógica (los de mi país o la poesía a veces).

Seguramente la amante de Wittgenstein se abstuvo de discutir temas del *Tractatus*; habría sido el principio de su inexistencia en la isla.

La cabeza de la amante ocupa tanto espacio que acaba siendo lo "mismo" que el mundo.

Ella es la prueba de que los criterios de certidumbre son innecesarios para creer en el cuadro de su cabeza.

La hija del hijo ya no para de entrometerse. Ahora me cuenta que en una fiesta llena de extranjeros el hijo (el papá de la hija del hijo) insistió en hablar sobre la vida sexual de las tortugas, y que los extranjeros no hallaron cómo reaccionar, pues la vida sexual de las tortugas, al menos en esa época, era obscena y cruel.

A mí no me importan esas minucias.

En *Cathay* se ven tortugas en el humo morado y nadie logra adivinar cuántos años tienen.

Las personas que no saben jugar con los números son mosquitos, insectos a punto de morir, como mi mano encima del humo morado, quemándose también.

Hoy las ardillas en los árboles hacen más ruido que de costumbre. Hoy el teléfono es un motivo de angustia.

Hoy me anunció la amante de Wittgenstein en la madrugada que pronto se irá.

No tengo ninguna garantía de que no termine por olvidarla. Y la amante es mi conciencia del mundo.

Miércoles, 27 de noviembre

¡En la vida de Kafka hubo un "joven poeta"!

Se repiten, entonces, aunque yo al mío lo he decepcionado. No es tramposo, además, como el de Kafka.

Un pretexto ideal para buscar a P. sería comentarle su carta. Retomé la primera sección. Siguen los aforismos, cada vez más insoportables: en uno P. se pregunta "¿Dios es sólo Dios por ser Dios?"

Le diré cualquier bobada: "Son complejas tus ideas; debo repasarlas".

Eso le gustará.

La segunda sección cambia por completo; tiene hasta título: "Las memorias de una portera".

"Odio a la señora del ocho. Ayer me habló en la mañana para reclamarme el chorro de agua en el tinaco y luego en la tarde me volvió a hablar para quejarse porque eché el gato a la calle. Me dijo que yo era mustia. Yo le mentí. Se me escapó el gato, le dije. Pero está bien ahí en la calle, la gente lo cuida. Esa señora sin vida y sin hijos está encerrada en su departamento todo el día y sólo se asoma a veces por la ventana para husmear si oye voces o pasos. Cuando voy a tocarle siempre llevo a mi nieto para suavizarla. Creo que la señora no tiene amigos…"

Ahí se detiene P. Lo felicitaré por el tono realista.

Kafka escribió que la confesión y la mentira son idénticas: "Para poder confesar mentimos. No podemos expresar lo que somos porque es precisamente lo que somos; sólo podemos confesar lo que no somos, es decir, la mentira".

Por lo tanto, si se vacía la famosa "maleta de la persona", se desatan de inmediato las mentiras.

Esa es mi hipótesis.

Jueves, 28 de noviembre

Mi diccionario de poéticas no define la palabra *imagen;* el de usos y costumbres dice que tan pronto uno postula una imagen, se destruye lo que representa esa imagen. Pero acepta que la imagen es "fuente inagotable de belleza y de poesías enaltecidas… un hábito persistente entre los humanos e inclusive entre algunos mamíferos cuadrúpedos que ven imágenes endebles pero certeras en la naturaleza;… no obstante, la imagen posee un lado negativo o destructivo al minar el cuadro que la contiene".

En los diccionarios el problema empieza y concluye con las palabras; serían más convincentes si usaran otro elemento para definir palabras, y no palabras que luego hay que buscar en el diccionario.

Uno entiende todo cuando se ejemplifica con un dibujo, una foto; es decir, una imagen.

Por eso es mejor la isla y al final cada quien con la suya.

P. y yo nos peleamos de nuevo. Se quejó de que lo desprecio: "Siempre me tratas como si yo fuera inferior a ti… no entiendes que sólo existes en mi cabeza, y me lo deberías agradecer porque si decido ya no pensar en ti, te mueres…"

Mi cabeza en la cabeza de P.

Odio los enigmas o acertijos que me incluyen.

Si todo fuera la cabeza de P. y yo adentro con los cuadros de su papá y la hija del hijo y el joven poeta y ahora la portera con sus memorias y las memorias mismas de cada uno, tendría que desprenderme de la persona que estoy suponiendo es yo o que llamo yo.

No sé qué pase si P. decide no pensar en mí.

Lo que voy a hacer mientras tanto es ya no pensar en él durante cuatro días.

Si dejo de existir, alguien comprobará que fue cierto lo que gritó P. por teléfono.

Aunque quién lo va a comprobar.

Yo, claro, si no me esfumo.

¿O la persona que me cuida?

No debería haber planteado lo de la imagen.

Mañana no me voy a lastimar.

Mañana voy a recordar esa máquina que me presumió hace algunos años un ingeniero en una fiesta de despedida. Él la inventó. Era una máquina muy veloz que uno se ponía en la cabeza para que regulara las velocidades; si la cabeza se aceleraba haciéndole daño a la persona, la máquina de inmediato intervenía para corregir esa rapidez.

Perdí los datos del ingeniero. Me gustaría comprar esa máquina.

Viernes, 29 de noviembre

Debo avisarle a la otra gente que hay obstáculos en la percepción de las islas que vieron hace dos días en la pantalla, y también acerca de los mapas actuales que se han trazado a mis espaldas.

Sigo aquí, quizá gracias a P.; no tengo manera de averiguarlo.

Dos poetas fueron a visitar a Mary de Rachewiltz, la hija de Pound, en su castillo en Brunnenberg. Uno de los poetas recitó el primer Canto; Mary leyó sus propios poemas.

El hijo de Mary cría cerdos "inusuales" que planea vender en los mercados de Europa.

Si ese fue el rostro que lanzó mil bajeles, ¿dónde quedó el cuerpo?

DICIEMBRE

LUNES, 2 DE DICIEMBRE

Se habla de una conspiración contra la ciudadanía (o el público, según el punto de vista).

Que muy pronto va a empezar. Que le van a quitar todo a la ciudadanía. Que le darán migajas. Y luego nada.

En los prados de antes, con su verde helecho, se delibera acerca de las opciones: aniquilar a los enemigos o recurrir a las mentiras.

Hoy el del pelo rojo e hirsuto se come la flama y la renueva y otra vez se la come.

Trato de gritarle: no se coma la flama, pero nada se oye en la isla.

Ya pasaron más de cuatro días y aquí sigo.

Voy a pensar en P. un minuto y medio.

O diez minutos en Fray Domingo de Betanzos, dominico de la Nueva España, escribiendo en septiembre de 1546 que cualquier ley para perpetuar la existencia de los antepasados de mi país era "peligrosa, errónea y destructiva para el bien de la república".

Que debían desaparecer esos antepasados de mi país.

Que Zumárraga y él anhelaban irse a China "donde los nativos eran mucho más inteligentes que aquellos de Nueva España".

A una antepasada actual de mi país en Tepito le cubrieron la cara con una sudadera y la golpearon y la insultaron: "¡India cochina, india chaparra!"

Ella es mixteca y quiere ser doctora.

Dónde me voy a esconder es un misterio.

No hay claves.

Antes hubo al menos sentimientos.

Torcidos o contradictorios.

"No soy feliz, pero estoy en el umbral de la felicidad."

Dora Diamant acompañó a Kafka de 1922 a 1924.

Que eran más cercanos a los changos los antepasados de mi país que a los hombres.

Y carecían de prudencia, virtudes o humanidad.

Eso le comunicó Juan Ginés de Sepúlveda a Fray Bartolomé de Las Casas en Valladolid.

Durante cinco días habló Las Casas intentando convencer de lo contrario a su audiencia.

A la mixteca la golpearon sus colegas.

Yo vi su cara.

Dos niñas y un niño la golpearon.

Martes, 3 de diciembre

Recibió el domingo una carta de un tal Lalo, la hija del hijo:

no sabes seducir

no eres una dama

no sabes cómo moverte

debajo de mi cuerpo

te lamentas

cuando te escucho

o finjo escucharte

con las imágenes en la pantalla

Adiós, Lalo

Le pregunté a la persona que me cuida si eso era un poema.

Claro que no. Son frases cortas.

En las inmediaciones busco a la amante de Wittgenstein.

Mis conjeturas sobre su existencia o incluso la mía comienzan a comprobarse.

Se esfuma *Cathay* cuando imagino la isla.

No me hace falta P.

Y tengo a mi propia portera.

Una pelota luminosa en el prado o un ejército imperial detrás del foro.

¡Ahí está el cuerpo! Ella sí que sabe moverse debajo de los cuerpos de los hombres.

Me admira mi portera cuando limpio los vidrios en mi isla donde reluce el cristal porque nunca hay nubes ni sombras.

A P. le comunicaron las órdenes: el ejército imperial lo esperará en las inmediaciones a las 6:30 de la mañana.

Los cables verdes y azules se desconectaron en mi cabeza al mismo tiempo.

Con chicotazos muy adentro supongo.

Chispas en los muros.

Y después entre rieles se fue atorando la cola del gato.

Eran otras épocas.

Antes de que me advirtiera la hija del hijo frente al joven poeta "Hemos sufrido más que tú".

Se conocen entonces.

Todos en este lugar nos acabamos conociendo y odiando.

Diente de león o niños dorados o un polvo fino y suelto de la melena de oro.

Una señora me interroga.

La hija del hijo vio por última vez a Lalo bailando en una fiesta con un tal Paco.

Las damas saben seducir a los caballeros.

Son cautelosas con la piel ajena.

Lalo y Paco les enseñaban a las amigas de la hija del hijo cómo vivir correctamente.

Les ruego que me suelten.

Jamás antes de contarme el desenlace.

Por ejemplo qué hacemos juntos P. y yo.

A la portera la descubrí con su escoba en un sendero de la isla.

Me regaña por mi bien a veces la persona que me cuida.

> *Home art gone, and ta'en thy wages;*
>
> *Golden lads and girls all must*
>
> *As chimney-sweepers, come to dust.*

Las arañas peleoneras de Spinoza no tienen ninguna relación histórica con la araña en una esquina de mi cuarto en la isla.

El procedimiento que se recomienda para educar a los ciudadanos es riesgoso.

Ya no hay líderes con sus voceras en las inmediaciones.

Al final no me pueden salir con el cuento de que estoy sola.

Leopardo de día, hiena de noche.

Masticando pedazos de carne.

Voy a espiarlos desde mi isla.

> *Fear no more the heat o' the sun,*
>
> *Nor the furious winter's rages;*
>
> *Thou the worldy task hast done...*

Fue en 1611, antes del incendio, la palabra desfilando con cordura.

Le pido a la portera en mi isla que no barra el polvo de oro; un león suelto o hasta el diente de león dan para más.

MIÉRCOLES, 4 DE DICIEMBRE

Estudia Todorov con espíritu analítico (y "sano escepticismo") los mitos de los antepasados de mi país.

La carne de aquellos "dioses era dura... no se les podía hallar el corazón, porque tenían las entrañas y pechos muy oscuros".

Tan pronto se transgreda la frontera tenue entre los cuerpos y las voces y los ruidos, podré oír la ciudad detrás de las olas que nunca veo.

Antes del desenlace debo comunicarle a Muff que no eran caballos ni perros en esos barcos, sino monstruos a veces, hocicos cubiertos de baba y de sangre.

"Lo que es pensable es posible" y al revés y luego al revés, con las precauciones que hagan falta para no perder el hilo en la isla.

Nada más sencillo que el cuadro del paisaje en el vidrio desde donde observo la isla cuando abro los ojos.

La persona que me cuida me aconseja que acepte la respuesta: el sentido y el cuadro son lo mismo, salvo si no concuerdan con la realidad.

En mi isla no corresponde el cuadro a mi concepción inicial: era tierra rodeada de agua, no el prado y la pelota llena de luz.

La portera sube y baja por el sendero con la escoba.

Ahora Lalo le pide a la hija del hijo que distinga los matices entre una descripción y un lamento.

Más tarde Lalo discute con Paco el caso de la hija del hijo: las lecciones de cómo vivir no entraron a tiempo en su cabeza.

Da un pasito para adelante, otro para atrás y un giro armónico con los cuerpos que bailan.

Le cortaron las orejas y la nariz y el prepucio al perro en la foto.

Un morador descubrió al perro en una bolsa.

En la noche esa bolsa intervino en el cuadro con mi cabeza en medio.

Aquí hay enemigos.

La amante de Wittgenstein me va a dar la razón cuando haga mis dos listas: A. y B.

JUEVES, 5 DE DICIEMBRE

La "belleza es difícil"; recordarla, aún más, me advierte la hija del hijo y se sale con la suya: han cambiado las reglas antes que nosotros.

Nos pondremos al día en la isla con los periódicos que vayan llegando.

Sus metáforas no incluyen analogías —me comunica el joven poeta—, sólo rupturas de frases en medio de una página o de una voz.

Otro mensaje de Lalo para la hija del hijo: lamentarse en primera persona es inadmisible; hacerlo en tercera parece objetivo y hasta resulta elegante.

Debo aprender al mismo tiempo que la hija del hijo: un minuto para mí, dos minutos para ella.

Voy a retomar mi civilización; buscar a los tres miembros que le faltan o quizá cancelarla en la isla y ya no prestarle atención a los rumores que circulan acerca de las culpas.

Viste el aire, me pregunta la persona que me cuida, lo viste cuando se movía sin tomarte en cuenta.

Hablo de otra cosa: el rebaño de criaturas frágiles en el sendero, la vida abstracta en las inmediaciones, las carencias del ejército imperial cuando se enfrenta a las burlas de P., el rastro de los diamantes en una avalancha.

Me conceden el silencio: no me interesa.

Entonces explique los diamantes, la avalancha: no es un cuadro, aclaro, sino la cabeza resaltando figuras que no existen por temor a perder el hilo en la isla.

Una cabeza vacía nunca se vuelve a llenar.

Cuando las negaciones se acumulan se puede declarar que hay una situación peligrosa.

Demasiado pesimismo equivale a demagogia.

A las damas las he admirado con sus maneras de contradecir como caricias de un dedo en el espíritu que las seduce, me revela en secreto la hija del hijo.

VIERNES, 6 DE DICIEMBRE

Murió el ingeniero de la máquina en 1995. Intestado, además.

De la máquina quedan pedazos en un cajón: tuercas diminutas, trozos de alambre, dibujos a lápiz en papeles amarillentos, pero ningún manual de instrucciones para armar la máquina y, quizá, venderla.

La hija del hijo desobedeció a Lalo y lanzó varios lamentos por teléfono.

"Con circunloquios los lamentos pueden revertirse", me dice la hija del hijo.

La persona que me cuida estaría en desacuerdo: no hay lamento que no sea venenoso e ilegítimo.

Lista A:

- Cuando acaecen trechos monótonos en las palabras, escribir sobre la infancia es recomendable. Uno siempre se emociona y posiblemente le transmite ese sentimiento a los lectores.

- Debe uno evitar asomarse por la ventana buscando a la portera por si barre el sendero o de repente mira hacia la ventana.

- Si hay más de una portera, no asustarse: son fantasmas de porteras que naufragaron en la isla.

- No abrir nunca la ventana cuando surge en el prado algún suceso que no le conviene a la lógica tradicional; por ejemplo, un arco perfecto en la zona donde comienza el polvo, una tienda en el prado anunciando ofertas por medio de un altavoz o el Eje 8 con usted en medio y una sombra más alta.

- No imaginar cómplices cuando son sólo testigos compasivos de los cables verdes y azules que se desconectaron en la cabeza.

- No ofenderse si se preocupan por los medicamentos y el transcurso de las noches.

Me pide la hija del hijo que no insista en interpretar como desamor el hastío de la persona que me cuida.

Lunes, 9 de diciembre

Alguien me está haciendo señas desde la otra ventana.

Voy a esconderme.

Ya no he visto el globo rojo, sino sólo la pelota luminosa, y no son sinónimos, salvo si una cabeza confusa decide que del globo puede surgir, evolutivamente, una pelota.

Es cierto lo que se dice en las otras islas: frente a la casa de la amante de Wittgenstein hay canchas de tenis; yo les recuerdo que ella no tiene con quién jugar.

Uno podría burlarse de esa soledad.

Aunque sería difícil después justificar el asunto de las otras islas; el solipsismo de la amante es factual; eso le concede un vínculo mediato al menos con la historia.

Lalo le recomendó a la hija del hijo que cambie de doctor.

No sabe la hija del hijo si interpretar el consejo o tomarlo al pie de la letra.

Yo le sugiero la opción de la letra: ahí no se levantan laberintos ni círculos.

Martes, 10 de diciembre

Ayer fue el cumpleaños del señor Bermúdez; sin festejo porque el señor Bermúdez decidió meterse en mi escondite. Ya no huele a nada el hoyo.

Bajo un arco perfecto se declara lo siguiente de la paranoia: es preferible la creencia del paranoico de que existe una conexión malévola entre todas las cosas, a la contraria, de que no existe ninguna conexión y, sobre todo, que *nada* tiene que ver con uno.

El uno, claro, es el yo de cada quien.

Gracias a la amante de Wittgenstein los hechos, sumamente objetivos, son tristes. Lo propone un admirador de otro mundo con delicadeza: ella creó el antimelodrama definitivo.

P. me grita desde las inmediaciones que se debe poblar la soledad con escudos.

Porque esto sucedió, añade en otro tono, lo vimos, lo admiramos.

El ritmo varía, no la tragedia.

Lo reto a parafrasear: *"Only that bird-hearted equity make timber"*.

En las casas rojas hubo muertos simples.

Nunca se habían topado con un fuego así, me susurran los habitantes, esas llamas de la piedra no serían posibles en un sitio menos retorcido.

Las moscas sobre el agua no tenían carne.

Y la cabeza no era la cabeza.

Ni la piel, piel.

Ni yo tú, ni nada.

Ni alguien que hablara.

A P. lo ha dejado solo la ironía en las inmediaciones, esperando algún ejército imperial, detrás de la sombra más alta.

"El viento es parte del proceso, la lluvia es parte del proceso."

En mi isla suceden otras cosas que no corresponden a las cosas que yo conocía.

Te lo explico de una vez.

O te lo explico cuando termine.

Los cables que no quieren amarrarse.

Escucha:

> *Grass nowhere out of place.*

Esas palabras en la boca no son parte del proceso.

MIÉRCOLES, 11 DE DICIEMBRE

A la amante de Wittgenstein la persigue la sensación pasiva de que todo es su culpa.

De ahí que la cabeza de la amante tenga permiso de atribuirse los contenidos del mundo.

En Troya estuvo con Helena.

Pero quién no lo estuvo.

> *The white wings of time passing.*

O las negras que se ven en la isla desde una ventana.

Esa mujer acabará masticando la cabeza de su hijo y los otros hijos.

Habrá que deshacerse de los huesos o los pellejos.

Una escalera para salir de esta isla plantea paradojas que me ocupan en la noche.

El agua no la sostendría.

Un peldaño y, al final, el desafío.

"Mis propuestas sirven como elucidaciones del siguiente modo: cualquiera que me entienda reconocerá a la larga que son absurdas... (Debe, por así decirlo, tirar la escalera después de subir por ella)."

Es una broma o advertencia al final del *Tractatus*.

Ha de ser una metáfora con otra retahíla de imágenes inconexas: las inmediaciones, el arco perfecto, la sombra más alta y, de la nada, los cerdos de Circe.

Cómo se sube o cómo se baja.

Del sexto peldaño, por ejemplo.

Entre un cuadro impreciso y una cabeza que no lo acepta por anómalo.

Rápido, una mentira para seguir escalando.

Pound pintó un paraíso en la cima.

O sucedáneos silenciosos que hacen ruido primero y se despiden con caravanas.

En la isla no se promueve desde hace meses el paraíso. Ni se pinta uno artificial mientras tanto. Las brechas aquí son productivas.

Se habla del futuro y los futuros que vendrán cuando el primero se cumpla.

JUEVES, 12 DE DICIEMBRE

Qué habrá sido eso de ayer.

Quizás el hilo en la isla.

La persona que me cuida me pide que ya no haga listas.

Leyó la lista A en la noche y le pareció peligrosa para mi cabeza con los cables verdes y azules.

No se progresa, según la persona que me cuida, cuando se escribe en lenguaje figurado.

Le pregunto si me permitiría ensayar algo mejor en la lista B; podría concentrarme en recomendaciones para vivir sanamente en la isla: ejercicios en la mañana, caminatas en la tarde (cuidando de no toparme con la portera en el sendero o de cruzar hacia el prado), clases de acuarela y de canto para aligerar la voz.

¡Terminar tal vez con un juego de naipes!

La persona que me cuida me calla.

Sin duda he perdido el hilo en la isla.

Al rato le ofrezco un disculpa a la persona que me cuida.

Luego pensaré en el joven Félix y su rincón y su cuarto oscuro en los barrios de afuera.

Construía casas en mi ciudad, pero ya no logra levantarse de su camastro.

Ni tampoco abrir los ojos ni hablar.

Se dice que sus antepasados eran otomís.

Casi muere Félix en una carretera de mi país.

Es una historia de mi país, no una continuación del hilo.

Se la contaré a la persona que me cuida. La apreciará por su naturalismo.

Aprovecharé entonces para pedirle, de modo tranquilo, que no rompa la lista A; que podríamos quemarla, pues por un lado sería divertido observar los contoneos de las llamas y, por el otro, profundo, porque se convertiría en una experiencia para ambos. Años después la recordaríamos juntos. Y eso nos unirá.

También le voy a sugerir que averigüemos quién se quedó con lo que había en el cajón del ingeniero. Si aún existen esos alambres y tuercas y dibujos, quizá la persona que me cuida puede armar la máquina con puro ingenio.

Alguna promesa le haré a cambio.

Después me iré a mi ventana.

Cliff gray-green in the far.

Desde ahí las inmediaciones de P. serán un buen recurso para medir lo que falta.

Los cerdos de Circe son una figura del amor, me dijo en secreto la hija del hijo.

Con sus remedos y su voz de niña a veces quisiera enseñarle a poner la cara de una circunstancia que la desfigure.

299

For this hour, brother of Circe.

Arm laid over my shoulder,

Saw the sun for three days, the sun fulvid,

As a lion lift over sand-plain.

Agua pálida o agua conocida.

En su espejo colocaremos el reloj menos complicado mañana.

VIERNES, 13 DE DICIEMBRE

Son inservibles los enigmas en la isla.

Huecos cuando bien les va, aunque por lo general caducan tan pronto surgen.

Los afecta la naturaleza del aire, según las malas lenguas.

De quién serán las malas lenguas cuando ya no hay nadie.

Quise verlo o tocarlo, la sombra al menos, pero se puso detrás de la piedra.

Hay eso. Lo que no sale, pero se intuye.

"Ponte en mi lugar", le digo a la hija del hijo.

No ha hecho otra cosa, prestarme sus servicios, por más que la exprimo como un trapo.

A P. las inmediaciones lo cansan.

A mí también estarlo viendo desde mi ventana.

No se deduce del pensamiento la existencia, le podría aclarar Wittgenstein a la amante, para que se evite de una vez la falsedad de una conciencia objetiva, que ella usa para colocarse en un mundo que nadie le ofreció.

Hoy era antes el cumpleaños de la madre de la hija del hijo.

Se lo recuerdo a la hija del hijo.

La historia de esas cenizas se contó al inicio: dispersas entre los huizaches de Xochicalco.

LUNES, 16 DE DICIEMBRE

Instrucciones para hacer poemas correctos: "crear imágenes de cosas concretas que conmuevan al lector".

Eso recomienda un manual cuya estética se denomina "de atisbos". Se ha usado en algunos renacimientos de gran éxito.

El último fue el segundo.

Tendría que consultar al joven poeta.

En la isla los atisbos se prolongan tanto que se convierten en el paisaje.

Si hubiera la estética necesaria en ese prado, podría yo fingir que la atisbo.

Una punta de pasto para recuperar la sensación del fragmento.

Martes, 17 de diciembre

No es un lugar la isla, sospecha la hija del hijo.

Podría ser una jaula donde se sobrevive gracias a la memoria.

Pensando en *Cathay* a veces para romper el hechizo de un recuerdo sin recursos que se repite.

Aquí se huye cuando se puede.

Le mando a P. un mensaje: "Cambia el color de la isla o ponle nombre".

Seguro en las inmediaciones la claridad es más simple.

La imagen de algo concreto tendría que excluir el marco de la ventana.

Aunque el marco permitiría establecer que se trata de un cuadro.

Podría ser un hecho incipiente y no una imagen.

Los hechos son bien recibidos en la isla.

El timbre del teléfono sucede al mismo tiempo que la percepción del timbre.

Las consecuencias carecen de importancia.

Tenía esposo, hijo y novio la amante de Wittgenstein. Entre el esposo y el novio había una buena relación. Hablaban del gato sin nombre.

Toda su vida se llamó *Gato*.

Las verdaderas últimas palabras de Wittgenstein fueron: "Digan que tuve una vida maravillosa".

Al silencio lo pueden hundir las leyendas.

¿Qué tiene que ver?

El silencio no equivale al vacío.

Ni al poema lleno.

"Copos de blancura nieve en verde prado."

¿Así se hará lo que se hizo?

La boca en la oreja y en la mano.

Como si fueran simultáneas.

En realidad el novio de la amante era amante.

Pero la repetición parecería un descuido.

También los episodios nocturnos en la isla: son negligentes. El del domingo fue un instante y una voz, con lo cual quedó la idea de una pesadilla.

Pero ocurrió otra cosa que duró más ayer.

Se rebana la cabeza.

Nadie podría asegurarme lo contrario.

En la isla no suceden esas cosas: los contrarios son paradojas y nada más.

MIÉRCOLES, 18 DE DICIEMBRE

Es posible que la isla sea un "museo del lenguaje".

Para Hugh Kenner no hay expresión verbal que no tenga ese aspecto de galería de pasados remotos o apenas de ayer.

Algo susurré cerca del Eje 8; una fórmula que prometía resolver de golpe el asunto de los sentimientos encontrados en las inmediaciones de la isla, donde P. no acepta ningún pacto por más que le hago señas desde mi ventana.

"El latín no es una lengua muerta."

La hija del hijo se atoró en la quinta declinación. El ejemplo devastador fue siempre el de Sor Juana: "Ella aprendió latín en cosa de días", le presumía el maestro con tristeza.

Hoy la hija del hijo me propone contarme de sus tíos.

Pero no hay tiempo, le respondo; a los tíos hay que buscarlos en las bifurcaciones de los padres.

Y su relación con el latín es dudosa.

Comentarios de ese tipo perturban a la hija del hijo: parecen cubiertos de capas.

Son pretenciosos, le aseguro.

Que en inglés se ponga *grande* y *roja* antes de *manzana* determina el método para conocerla: las cualidades sensoriales antes que el objeto.

De ahí proviene, según Kenner, la tradición empirista de la filosofía en inglés.

Habrá que decidir en algún momento si la isla es una jaula que, además, es un museo del lenguaje o si todo es el museo, lo cual significaría que ya ocurrió.

Jueves, 19 de diciembre

Echada bajo el sol.

Así se pasó una semana la amante de Wittgenstein.

Hoy de nuevo estoy con ella; ratos muy breves, por cierto.

Bajo el sol no hay nadie donde yo vivo.

A Brahms lo odia un amigo de la persona que me cuida.

Se toma esa molestia. Creo que también menosprecia a Shakespeare.

"Golpe tremendo a la cultura", se dirá pronto en las calles de su barrio.

Desde mi ventana acabo de descubrir, en este instante, que hay dieciocho personas bajo el sol donde yo vivo.

Le preguntaré a la portera —si la vuelvo a avistar— cómo llegaron. Y hasta cuándo se quedarán.

Espero que no me responda: "Son las creaciones de su sol".

Viernes, 20 de diciembre

Hoy alrededor del mediodía comencé a hablar al revés.

Lunes, 23 de diciembre

Uno de mis maestros históricos me reveló que no hay diario que no sea un invento.

"Los huesos secos hasta de nuestros diccionarios."

O las estructuras que interfieren consigo mismas y van creando tradiciones.

No debo mencionar frases de ese tipo frente a la amante de Wittgenstein.

Me acusaría con la autoridad suprema.

Al rato examino los huesos de mis diccionarios.

Martes, 24 de diciembre

No sé dónde quedó Ella.

En la isla los huesos se mezclan con los árboles talados.

Eso observé mientras espiaba desde mi ventana.

A la hija del hijo la vi cubierta de adornos hoy.

Miércoles, 25 de diciembre

Las ceremonias de P. serán motivo de discusiones con la persona que me cuida.

Nos sentamos a la mesa anoche. Eran los hermanos de la hija del hijo y la hija del hijo al mismo tiempo con la cara deshecha por la felicidad de su familia súbita.

En 1783 algún curioso le preguntó al doctor Johnson si existían sinónimos exactos, palabras por completo superfluas, y Johnson respondió que "originalmente no los había, pero al usar las palabras con negligencia, o en la poesía, una palabra acaba confundiéndose con otra".

Al joven poeta le habría podido enunciar tal cosa antes de despedirlo de mi civilización de seis personas.

La Navidad en la isla no me recuerda a nada.

Jueves, 26 de diciembre

Las palabras solitarias de la amante de Wittgenstein se encaminan hacia una conclusión en la isla que incluye numerosos fuegos.

Quise mencionar el asunto de las familias reunidas; he notado que suele haber un miembro ausente. De otro modo no se lograría cerrar el círculo ficticio o al menos momentáneo.

En *Cathay* hubo caballos blancos.

Se lo diré a Muff; los caballos blancos me hacen imaginar caballos mutilados, cubiertos de sangre.

No hay comparación entre la nitidez expresiva del espacio donde se colocan mesas, sillas y libros y la frase interpretable (por lo tanto, confusa) que los propone.

Tal sería mi paráfrasis torpe de un inciso en el *Tractatus*: deben evitarse los nombres, pero no las descripciones.

Viernes, 27 de diciembre

Las campanas dentro de mi oído, con los cables verdes y azules dando chicotazos, son tautológicas; a la larga un estado de gracia donde reinen tal vez los equivalentes sin llamar la atención.

En las inmediaciones podría toparme con aquel silencio que cultivan los poetas con muchas palabras.

Quizá logre escucharlo: el silencio que no existe y es una muletilla para seguir hablando. Las inmediaciones sirven para eso.

Por algo P. manotea ahí.

Ayer me postulé como miembro solitario de otra civilización en los rumbos de *Cathay* (por darle un nombre y una geografía que luego se eliminarán).

Lunes, 30 de diciembre

En la isla de la amante de Wittgenstein hay un bosque y una casa en el bosque.

En mi isla sólo está lo que me rodea y las inmediaciones; el único árbol es el árbol muerto del principio.

Me dijeron que voy a recibir pronto un instructivo para soñar correctamente: con la ortodoxia que les corresponde a mi cabeza y a mi siglo; sin el eco de las campanas.

La amante se puso la camiseta de un equipo italiano de futbol. No dice qué opinó Wittgenstein acerca de esa indumentaria.

Las señales han sido: el viernes se quedó afuera el gato, el sábado mi maestro histórico decidió la suerte de las palabras que se intercambiaron, y el domingo la hija del hijo puso a prueba a la persona que me cuida.

Las autoridades me han rechazado como miembro solitario de una civilización en los rumbos de *Cathay*. Las razones aluden a mi torpeza poética. Las volveré a leer más tarde.

Lalo usa máscara cuando aparece, pero no recuerdo qué representa la máscara. Siempre se ríe de mi sorpresa.

Me dejó un mensaje debajo de unos papeles: "Ha muerto Paco por tu culpa".

Martes, 31 de diciembre

¿Adónde van?

Un anillo de fuego alrededor de las rosas.

Cenizas, montículos de cenizas antes de caerse todos con la risa de los desenlaces.

Ya recordé: Lalo trae puesta la máscara más novedosa del líder.

Se burla de mis simulaciones en blanco y negro, de mi cabeza literal con sus cables verdes y azules, del tintineo que no rompe ninguna barrera.

Es mentira, me grita antes de correrme de sus dominios.

La mentira se multiplica en mi isla si me descuido.

El mito de un lenguaje no deja puentes.

Para qué ir revelando misterios: cualquier verdad, según Kenner, termina siendo ingenua.

Nítidamente concede que "azul" no es una taxonomía, sino "la forma que tiene el cielo... para mostrarse".

También el huevo de un pájaro en otro idioma.

La hija del hijo lanza la pelota a sus propios cielos que no vislumbro con ella.

Tres caballos no son ningún caballo.

Tres caballos se mueren cuando uno deja de mirarlos.

¡Qué eficaces cuadrúpedos en las guerras de antaño!

Relinchando sobre los cuerpos menudos.

Relinchando con los perros entre los pellejos y las piedras.

Lalo sin la máscara me anuncia que las islas comprimidas en las burbujas son los nudos cuando se atan cables en mi cabeza.

Y que las ruinas del silencio en mi oído son el eco de las campanas.

Y que un futuro y no otro será sublime.

Lalo me avisará si surgen opciones menos drásticas.

Por su ventana se asoma la amante de Wittgenstein: tanta ropa tendida podría crear esculturas momentáneas si hubiera viento.

Pero no hay viento.

Extraña a su gato perdido en la isla.

La ventana de ella no es mi ventana ni la ventana de la señora del jardín donde el árbol muerto es el inicio previsible.

Se emprenderán nuevas aventuras en la sombra de las viejas.

La hija del hijo y yo.

Girando alrededor de las rosas.

Un anillo de fuego.

Las cenizas de la risa se acumulan en las inmediaciones.

Enciende fogatas la amante de Wittgenstein cerca del agua.

Alguna vez soñé con la fama.

Aun así generalmente me sentía sola.

Hacia el castillo, tendría que haber dicho el letrero.

Alguien está viviendo en esta isla.

Nadie en la mía.

Nadie pesca junto a esas aguas obstinadas.

¿Entiendes?

A P. lo mato si se aproxima.

Moldes de yeso o alabastro para esculpir las rimas.

Nadie.

Quien vea por última vez a la amante debe decirle que la espero.

La esperanza no es lo mismo que los barcos nuevos.

En mi país siempre surgen fronteras de sangre fresca tras la antigua.

Dentro de la cabeza uno es de uno.

Los labios cantando.

> *En mi país una nieta*
>
> *mata a su abuela*
>
> *y la esconde en una maleta.*

Cinco cabezas al lado de un camino.

Se buscan los cuerpos.

En mi cabeza voy a fabricar el cuerpo que falta.

En mi cabeza voy a construir una casa.

Lecturas

David Markson, *Wittgenstein's Mistress.*

Ludwig Wittgenstein, *Tractatus Logico-Philosophicus.*

Olvido García Valdés, *Lo solo del animal.*

Fray Bernardino de Sahagún, *Historia general de las cosas de la Nueva España.*

Pascal Quignard, *Villa Amalia.*

Jack Spicer, *My vocabulary did this to me. The Collected Poetry of Jack Spicer.*

Harry Mulisch, *Sigfrido.*

Franz Kafka, *Diaries.*

Claude David, *Kafka.*

Steven Runciman, *The Fall of Constantinople.*

Stéphane Mallarmé, *Igitur.*

Anne Carson, *Red Doc>.*

Anne Carson, *Antigonick.*

Donald Hall y Pat Korrington Wykes, *Anecdotes of Modern Art.*

Danil Kharms, *Today I Wrote Nothing.*

Herta Müller, *The Appointment.*

Álvar Núñez Cabeza de Vaca, *Naufragios.*

Georges Baudot y Tzvetan Todorov, *Relatos aztecas de la conquista.*

Hugh Thomas, *The Golden Age. The Spanish Empire of Charles V.*

Edith Wharton, *The Reef.*

Hugh Kenner, *The Pound Era.*

Ezra Pound, *Selected Poems.*

Ezra Pound, *The Cantos.*

Rebecca Solnit, *A Field Guide to Getting Lost.*

Jules Renard, *Journal 1887-1910.*

Pierre Michon, *Corps du Roi.*

Roberto Calasso, *Baudelaire.*

ÍNDICE

Tedi López Mills (Ciudad de México, 1959) ha publicado once libros de poesía: *Cinco estaciones, Un lugar ajeno, Segunda persona* (Premio Nacional de Literatura Efraín Huerta), *Glosas, Horas, Luz por aire y agua, Un jardín, cinco noches (y otros poemas), Contracorriente* (Premio Nacional de Literatura José Fuentes Mares), *Parafrasear, Muerte en la rúa Augusta* (Almadía, 2009; Premio Xavier Villaurrutia) y *Amigo del perro cojo* (Almadía, 2014; Premio Iberoamericano Bellas Artes de Poesía Carlos Pellicer para Obra Publicada 2015); además de los libros de ensayo: *La noche en blanco de Mallarmé* y *El libro de las explicaciones* (Almadía, 2012; Premio de Narrativa Antonin Artaud). Obtuvo la primera Beca de Poesía de la Fundación Octavio Paz en 1998, y ha sido becaria del FONCA en 1994 y del Fideicomiso para la Cultura México/Estados Unidos en 1996. Actualmente pertenece al Sistema Nacional de Creadores.

LA INVENCIÓN DE UN DIARIO

de Tedi López Mills
se terminó de
imprimir
y encuadernar
el 8 de abril de 2016,
en los talleres
de Litográfica Ingramex,
Centeno 162-1,
Colonia Granjas Esmeralda,
Delegación Iztapalapa,
Ciudad de México.

Para su composición tipográfica se emplearon las familias Bell Centennial
y Steelfish de 11:14, 37:37 y 30:30.
El diseño es de Alejandro Magallanes.
El cuidado de la edición estuvo a cargo de Karina Simpson.
La impresión de los interiores se realizó sobre papel Cultural de 75 gramos.